Ursula Hauer
Mein Sorgen-Tagebuch

URSULA HAUER

MEIN SORGEN-TAGEBUCH

Was man mit Sorgen alles machen kann,
damit sie weniger werden.

cap-books

Bestell-Nr.: 52 50602
ISBN 978-3-86773-325-0

Alle Rechte vorbehalten
© 2020 cap-books
Oberer Garten 8
D-72221 Haiterbach-Beihingen
07456-9393-0
info@cap-music.de
www.cap-books.de

Texte: Ursula Hauer
Umschlaggestaltung: Jan Henkel, www.janhenkel.com
(unter Verwendung eines Gemäldes von Simeon Weltzien)
Innenlayout, Satz: Jan Henkel
Fotos: tankist276/Shutterstock.com, Mega Pixel/Shutterstock.com,
Ruslan Ivantsov/Shutterstock.com, Africa Studio/Shutterstock.com,
MicroStockFactory/Shutterstock.com
Gemälde: Simeon Weltzien

Printed in EU

Vorwort

Mein erstes Tagebuch bekam ich als Teenager geschenkt. Zunächst etwas unsicher, begann ich zu schreiben und es machte zu meiner Überraschung sogar Spaß. Im Laufe meines Lebens habe ich immer mal wieder Tagebuch geschrieben bzw. auch Tagebücher mit Bildern u. ä. gestaltet: Reisetagebücher, Dokumentationen von Fortbildungen, geistliche Tagebücher und auch einige Tagebücher, die „therapeutischen" Charakter hatten.

Das, was Sie jetzt in der Hand haben, ist eine Mischung aus allem Möglichen und es ist eine Premiere. Es ist mein erstes Tagebuch, das am Computer entstanden ist, und mein erstes öffentliches.

Dieses Buch hat ein recht ernstes Thema, die Sorgen. Die Sorgen werden aus allen möglichen Blickwinkeln betrachtet – aber vor allem auch immer wieder mit Humor. Das hilft wohl einfach am besten, wenn man sich mit ihnen beschäftigen muss.

Also, liebe Leserin, lieber Leser, ich wünsche Ihnen, dass Sie in diesem Buch inspirierende Ansätze für sich entdecken, beim Blättern, Lesen, Bedenken und vielleicht sogar Ausprobieren.

Die Hausaufgabe

Also:

Ich sammle in letzter Zeit psychosomatische Beschwerden. Eine Verspannung hier, etwas Magengrummeln da usw. Nichts wirklich Ernstes, aber es stört mich gewaltig. Nach eingehender Selbstdiagnose kam ich recht schnell auf die Ursache dieser körperlichen Einschränkungen: Ich mache mir Sorgen.

Jeder Mensch in meiner engeren Umgebung wird seit einiger Zeit immer mehr zum Sorgenpotenzial. Ich selbst natürlich auch.

Nun habe ich eine Ausbildung zur Lebensberaterin genossen und dachte, dass musst du doch irgendwie hinkriegen. So etwas ist doch quasi dein Job. Also habe ich ein kleines Gedankenspiel gemacht, das mir schon öfter geholfen hat. Ich, Ursula Hauer, habe einen Termin bei der Lebensberaterin Ursula Hauer und berichte ihr von meiner gegenwärtigen Situation. Die Lebensberaterin sagt das, was sie gelernt hat, sie sucht nach Ressourcen und gibt mir eine Hausaufgabe. In diesem Fall lautet die Aufgabe: Schreiben Sie ein Sorgen-Tagebuch.

Als folgsame Ratsuchende fange ich an.

Und es ist erstaunlich, nicht die Sorgen selbst und die Umstände nehmen sich Raum, sondern das Prinzip Sorge wird zum Thema. Ich beobachte mich selbst, sehe, was passiert, was förderlich und hinderlich ist, und beginne langsam zu verstehen, wie Sorgen funktionieren.

Und das ist mein persönlicher Therapieansatz. Ich möchte nicht jede einzelne Sorge durchdiskutieren. Ich möchte verstehen, wie Sorgen solch eine Dynamik entwickeln können und möchte lernen, besser mit ihnen umgehen zu können, um sie im Idealfall unschädlich machen zu können.

Ein größeres Thema, das Zeit und Raum einnimmt. Schauen wir mal, was dabei herauskommt.

Mein Tagebuch soll sein wie
eine Reisetasche, in die ich ungeprüft
allen Krimskrams hineinwerfe.
Wenn ich später nachsehe,
ist das Durcheinander wie von
Geisterhand geordnet, gesintert
zu einem Ganzen, so fest und
unnahbar wie ein Kunstwerk —
aber so transparent, dass das Licht
des Lebens durchscheint.

Adeline Virginia Woolf

Ich mache mir Sorgen

Also, die deutsche Sprache ist manchmal schon richtig treffend.

Manchmal sagen wir: Du machst mir Sorgen oder das macht mir Sorgen. Aber meistens sagen wir: Ich mache mir Sorgen. Und das trifft es viel besser. Natürlich sind unangenehme Umstände und Ereignisse der Auslöser für meine Befürchtungen und negativen Zukunftsszenarien. Aber die Tatsache, ob mir ein Ereignis wirklich Sorgen bereitet, entscheide ich ganz allein. Ich mache die Sorge, ich kreiere sie, ich gestalte sie. Ich erschaffe sie und erlaube ihr dann, ihr destruktives Werk zu beginnen, und manchmal auch sehr lange fortzusetzen. Warum mache ich das? Irgendwie entspricht es meiner Persönlichkeit, aber ich habe doch nicht wirklich etwas davon, oder? (Ich denke nicht, dass ich masochistische Anteile besitze.)

Ist es eine Frage der Dosis, so ähnlich wie bei der Angst? Prinzipiell ist Angst gut und notwendig, zu viel ist einfach nur schädlich.

Ist „Sorge" prinzipiell schon in Ordnung und nur die Dosis macht das Gift (nach Paracelsus)?

Wieso steht so oft in der Bibel, dass wir uns nicht sorgen sollen? Das setzt ja schon voraus, dass es so eine Art Lieblingsbeschäftigung von uns ist. Sonst müsste man uns ja nicht davon abhalten.

Alles, was ich bisher weiß, ist, dass ich quasi ein Profi in Sachen Sorge bin. Ich kann das richtig gut, das mit dem Sorgenmachen. Nachdem ich das anscheinend in den letzten Jahrzehnten richtig gut gelernt habe, wäre jetzt die Herausforderung, zu lernen, wie man es sein lässt.

Etwas sein zu lassen (das weiß ich aus der Verhaltenstherapie) ist viel schwieriger als etwas Neues anzufangen.

Die Herausforderung ist groß!

ICH mache mir Sorgen.
Ich MACHE mir Sorgen.
Ich mache MIR Sorgen.
Ich mache mir SORGEN.

Mittagsschlaf

Halte dir jeden Tag dreißig Minuten für deine Sorgen frei und in dieser Zeit mache ein Nickerchen.

Ich liebe Mittagsschlaf!

Was würde mir fehlen?

Ich habe da mal eine Frage: Warum soll ich mir eigentlich Sorgen machen?

Sorgenmachen ändert überhaupt nichts, außer dass mein Stimmung schlechter wird.

Mal ganz ehrlich: Was würde mir fehlen, wenn ich mir keine Sorgen machen würde?

Die Wichtigkeit, die Bedeutung, die Macht, der Einfluss, das Zuständigsein, das Mitredendürfen, das Sicheinmischen usw. Ich will vorkommen, will mitgestalten in dieser Welt, in meinem Umfeld – und wenn auch nur in Gedanken.

Die Sorge gibt mir die Illusion, irgendwie Teil zu haben. Die Sorge gibt mir das „Recht", mich übermäßig zu kümmern oder mich einzumischen.

Ist die Angst davor, nicht wichtig zu sein, ein guter Grund, um sich Sorgen zu machen?

Ist die Befürchtung, nicht ausreichend vorzukommen, wirklich die Ursache für mein übermäßiges Sorgenkarussell im Kopf?

Das klingt irgendwie richtig peinlich.

Das klingt so ein wenig wie die Ursache für das Helfersyndrom: purer Egoismus, weil ich mich besser fühle, wenn ich helfe.

Mache ich mir nur Sorgen, damit ich eine moralische Recht-fertigung habe? Damit ich ein besserer Mensch bin? Wie schräg ist das denn?

Kann es sein, dass andere Menschen auch so denken?

Da tun sich ja ganz schöne Abgründe auf.

Ich erschrak, als ich merkte,
dass ich bin, wie man ist.

Fridolin Stier

Die negative Dynamik

Das Thema Sorgen ist komplexer, als ich anfänglich gedacht habe. Die Sorge ist ein sehr guter Beweis dafür, dass der Mensch eine Einheit aus Körper, Seele und Geist – oder aus was für Teilen auch immer – ist. Auf jeden Fall beschränkt sich das Sorgenmachen nicht nur auf einen Teil unserer Persönlichkeit.

Sorgen beginnen im Kopf, wer wüsste das nicht. Wir sind toll darin, uns alle möglichen Gedanken über uns und andere zu machen. Aber dabei bleibt es nicht. Die Sorge breitet sich im Gefühlsbereich aus: Angst und Furcht, Trauer, Wut, alle möglichen Gefühle tauchen auf und können sich zu einem sehr verworrenen Knäuel verbinden. Und dann macht sich die Sorge im ganzen Körper breit. Kopfschmerzen, Magenbeschwerden, Herz- und Kreislaufbeschwerden usw. Und natürlich kommen auch noch die psychischen Erkrankungen dazu, ganz vorne die Depression.

Und alles fängt irgendwann mit einem fast harmlos erscheinenden Gedanken an.

Kann man das üben, dass es gar nicht erst soweit kommt, dass die Sorge ihre negative Kraft auf den ganzen Menschen ausbreitet?

Ich möchte weiter darüber nachdenken und mich auf die Suche machen: nach Strukturen der Sorge, nach Übungen, die gut tun und nach guten Wegen, mit der Sorge umzugehen.

Krankheiten ermüden den Körper,
Sorgen das Herz.

Talmud

Der Sorgenrucksack

Es ist kaum zu glauben.

Es fühlt sich an, als wäre ich krank.

Ich mag nicht aufstehen am Morgen, fühle mich schlapp, lustlos. Bei genauerem Hinfühlen wird es sehr deutlich: Die Sorgen haben sich zu einem großen Paket zusammengetan. Und ich schleppe sie mit mir herum. Es fühlt sich an wie ein schwerer Rucksack. Das Gewicht drückt mich runter. Der Rücken beugt sich, der Blick bleibt am Boden.

Ich schleppe meine Last so durch den Tag, lege sie zwar hin und wieder mal ab, nehme sie dann aber wieder auf. Das zehrt an meinen Kräften. Mein Energielevel wird immer geringer. Der Akku wird immer schneller leer und das Aufladen dauert immer länger.

Nein, ich habe keine Depression, ich habe einfach nur Sorgen.

Ich möchte dieses Sorgenpaket auspacken, anschauen und nach und nach immer mehr verkleinern.

Ob ich mehr Kondition beim Rucksacktragen aufbauen kann, sodass es mich weniger Energie kostet, weiß ich noch nicht. Ich weiß auch nicht, ob ich das überhaupt möchte.

Der Umgang mit meinem Sorgenrucksack ist mir noch nicht so recht vertraut. Es ist alles noch sehr spontan, planlos und von wenig Wissen über die Materie geleitet.

Das könnte sich ändern, oder?

Es ist Zeit, dass es Zeit wird.

Paul Celan

Dein oder mein Wille

Schlaf ist etwas Wunderbares, wenn er erholsam und ohne Störungen verläuft. Schwierig wird es, wenn sich im nächtlichen Wachliegen die Sorgen den ersten Platz im Kopf erobern.

Mein nächtlicher Text ist zurzeit: „Ich will nicht" und Variationen davon. „Ich will das so nicht" oder auch kurz „Nein". Dazu versuche ich bildlich die Umstände wegzuschieben.

Anscheinend weiß ich sogar nachts, was ich nicht will. Aber was will ich? Ich hätte gern Ruhe (ich würde nachts schlafen und nicht vor mich hin sorgen), ich hätte mein Leben gern friedlich, harmonisch, unkompliziert, erfolgreich usw. Das wäre mein Wille, das Leben, so wie ich es mir vorstelle und wünsche.

Ebenfalls zurzeit bete ich fast täglich morgens das Vaterunser. Da gibt es so eine Stelle: „Dein Wille geschehe."

Deutlicher könnte sich mein Dilemma nicht beschreiben lassen. Nachts ein deutliches „Ich will nicht" und am Morgen der Versuch des „Dein Wille geschehe".

Ich weiß nicht, was Gottes Wille ist. Ich weiß nur, dass das „Ich will nicht" mit heftigen Emotionen verbunden ist. Und das „Ich" sehr stark betont wird. Wie komme ich weg von diesem Betonen meines Selbst, hin zum Fragen nach dem Willen Gottes? Und damit meine ich nicht das automatisch Heruntergebetete, sondern das ehrlich Gefragte: „Herr, was willst Du?"

Das wäre dann Stufe Eins in der Auseinandersetzung.

In der Hoffnung, dass ich auch irgendwann Stufe zwei, das „Herr, nicht mein Wille, sondern Dein Wille geschehe" hinkriege. Davon bin ich momentan noch recht weit entfernt.

Ich falte
die Hände,
die lahmen,
im Geist
und bete
ins Dunkel,
dass es
zerreißt.

Ernst Ginsberg

HIER
und
Jetzt

Vielleicht die zwei wichtigsten Wörter
im Kampf gegen die Sorgen?

Achtsamkeit

Achtsamkeit ist das neue Modewort für das Leben im Hier und Jetzt. Das klingt immer so elegant und leicht. Leben im Hier und Jetzt. Was sollte mich eigentlich dazu bringen, nicht in diesem Rahmen zu leben?

Natürlich sind da die Sorgen mal wieder an erster Stelle. Sie führen mich weg. Sie führen mich gedanklich an die Orte, an denen eben Bedenkliches geschieht (oder eben nicht). Sorgen führen mich zu anderen Menschen, an andere Orte, zu anderen Umständen.

Raum und Zeit sind relativ, haben wir gelernt (ich zumindest habe das nie verstanden, aber was soll's). Was ich weiß, ist: relativ zu meiner Befindlichkeit ändert sich mein Gefühl für die Zeit. Meine Gedanken führen mich in die Zukunft oder Vergangenheit. Entweder ich erinnere mich an all das, was schon so fürchterlich war, oder ich male mir etwas aus, was fürchterlich werden kann.

Bleibe ich im Hier und Jetzt, bekommen die Sorgen etwas Beherrschbares. Nur für heute planen, nur in diesem Raum denken. Natürlich geht das nicht den ganzen Tag. Ich muss schließlich auch den Einkauf für morgen planen usw. Aber das tue ich ja sowieso.

Nur etwas mehr im Hier und Jetzt zu sein, fühlt sich auf jeden Fall gut an, definitiv besser.

Literatur zur Achtsamkeit gibt es momentan zur Genüge. Sie hat sogar schon den Einzug in manche Therapieansätze geschafft.

Manchmal ist die Tatsache, dass es viele Bücher zu einem Thema gibt, ein Hinweis darauf, dass keiner wirklich weiß, wie es geht (manchmal der Autor des Buches auch nicht). Beispiel: die Flut von Büchern zum Thema Glück vor einigen Jahren.

Also, wie geht Achtsamkeit? Wir Christen sollten das doch wissen, das ist doch schließlich unser Metier. Betet ohne Unterlass kann z. B. helfen.

Apropos beten ohne Unterlass: Da fällt mir mal wieder auf, dass meine Begeisterung für das Herzensgebet immer noch ungebrochen ist, dass ich es aber kaum noch praktiziere. Beim Herzensgebet wiederhole ich immer wieder denselben Satz oder dasselbe Wort. Ich beschäftige damit meinen Geist und schicke damit unerwünschte Gedanken einfach woanders hin. Diese Gebetsform hat immer einen guten, beruhigenden Einfluss auf mich und erdet mich einfach. Also eine neue Übung für das Sein im Hier und Jetzt ab heute: Herzensgebet wieder üben!!

Herr Jesus Christus,
Sohn Gottes,
erbarme dich meiner.

Herzensgebet

Vergleiche können tödlich sein

Da gibt es etwas, was mich auch immer vom Hier und Jetzt wegführt. Und das sind Vergleiche. Eine meiner wertvollsten Erkenntnisse in der Kindererziehung war: Vergleiche können tödlich sein. Sie können die Wertschätzung, die Liebe, die Beziehung töten.

Aber ich kann es nicht lassen. Jedes Mal, wenn mir jemand etwas über seine Familie, seine Kinder, seinen Beruf, seine Projekte, seine Beziehungen erzählt, dann vergleiche ich. Ich mache im Kopf zwei Spalten und schreibe Plus und Minus auf. Wie komme ich weg, wie meine Familie, mein Engagement ...

Warum tue ich das? Ich fühle mich dadurch absolut nicht besser. Selbst wenn auf meiner Seite ganz viele Plus stehen, gibt es immer einen leicht schalen Nachgeschmack.

Und ganz schlimm ist es in akuten Sorgenphasen. Dann verliert meine Spalte immer und die Sorge wächst mal wieder um einige Zentimeter. Es ist ja so offensichtlich, dass XY das ganz locker hinkriegt und ich „mal wieder" nicht. XY ist erfolgreicher in allen Bereichen und es tut weh, wenn er oder sie, mit Glanz in den Augen, von diesen Erfolgen schwärmt – und ich sehe nur meine derzeitigen (vermeintlichen) Misserfolge.

Ich möchte nicht ständig vergleichen. Ich möchte mich mit anderen freuen oder mit ihnen trauern über bestimmte Ereignisse. Aber ich möchte das nicht immer mit meiner Situation vergleichen. Ob ich das noch mal hinkriege?

Ein Trick, der ab und zu funktioniert, ist, dass ich mich innerlich etwas zurücklehne und mir vorstelle, wie Gott diesen Menschen und seine Situation betrachtet. Dann fühlt es sich sofort anders an. Ich kann ganz bei dem Anderen sein und mich wirklich interessieren – ganz ohne Spalten im Kopf.

Gott scheint uns nicht ständig zu vergleichen und gegen-
einander abzuwägen. Auch nicht zu beurteilen, welcher Mensch
mehr oder weniger seiner Schöpfungsidee nahekommt.

Das will ich auch!

Üben!

Eigentlich

Im Hier und Jetzt bleiben ist sehr erstrebenswert. Wie geht das? Mein Problem ist, dass ich oft zu spät merke, wo ich mich gerade befinde, eben nicht im Hier und Jetzt.

Ich bräuchte ein wirkungsvolles Frühwarnsystem im Sinne von „Vorsicht, Sie verlassen den Hier und Jetzt-Bereich". Ein typisches Anzeichen bei mir, für das ich auch schon sensibler geworden bin, ist ein Wort, und zwar: eigentlich.

Wenn ich mir selbst beim Sprechen zuhöre und dieses Wort entdecke, weiß ich, dass ich den Hier und Jetzt-Bereich verlasse. Mit dem Wort „eigentlich" möchte ich mich oft gern wegbeamen oder es zeigt an, dass ich gerade dabei bin, eine ganze Welle von Unzufriedenheit loszuwerden.

Im Sinne von: „Ich bin für dieses und jenes gerade verantwortlich, aber eigentlich möchte ich ..." Die Steigerung ist: „Eigentlich wollte ich schon immer" oder auch: „Eigentlich wollte ich noch nie."

Eigentlich führt mich ganz gewiss nicht zum Eigentlichen, nämlich zu dem, was jetzt dran ist, sondern davon weg. Ich habe schon geübt. Immer wenn ich mich selbst bei diesem Wort ertappe, fange ich den Satz noch mal an und formuliere ihn um, eben ohne „eigentlich". Schon beim neuen Formulieren stellt sich ein klein wenig anderes Gefühl ein. Ich komme wieder etwas mehr zu mir, zu dem, was jetzt dran ist und schleiche mich nicht mehr jammernd davon.

Carpe aeternitatem in momento.
Pflück die Ewigkeit im Augenblick.

Ernst Bloch

Dornen

Das Gleichnis vom Sämann

Wieder ein anderer Teil fiel in die Dornen und die Dornen wuchsen und erstickten die Saat.
(Matthäus 13,7)

In die Dornen ist der Samen bei dem gefallen, der das Wort zwar hört, aber dann ersticken es die Sorgen dieser Welt und der trügerische Reichtum und es bringt keine Frucht.
(Matthäus 13,22)

In letzter Zeit kommt mir immer öfter das Bild aus dem Gleichnis vom Sämann ins Gedächtnis. Der gute Samen, das Wort mit riesigem Potenzial zum Wachstum. Das Gute, das sich in meinem Leben ausbreiten kann und erstaunliche Resultate hervorbringen kann.

Das fällt unter die Dornen.

Erste Erkenntnis: Die Dornen sind da, ganz selbstverständlich, immer. In der Erklärung erfährt man: Die Dornen, das sind u. a. die Sorgen dieser Welt. Sorgen sind da. Sie werden nicht nachträglich zugefügt. Sie sind einfach da und waren schon immer da.

Dornen bzw. Sorgen wachsen. Sie haben das gleiche Potenzial wie der gute Samen. Sie treten in Konkurrenz um das Gedeihen, um Wasser, Sonne, Nährstoffe.

In diesem Fall gewinnen die Dornen. Sie wachsen und ersticken die Saat. Das ist selbstverständlich in diesem Gleichnis. Nichts Ungewöhnliches für den Bauern dieser Zeit. Dornen sind Alltag und sie stören und sind schwierig zu bekämpfen.

Ich erinnere mich an meinen Kampf gegen einen stacheligen Brombeerstrauch. Schwierig, da irgendwie anzufassen. Ich habe ihn dann einfach abgeschnitten und versucht, die

Wurzeln auszugraben. Er kam wieder. Mit einer erstaunlichen Hartnäckigkeit. Der Kampf ging über mehrere Jahre.

Diese Bild der Dornen für die Sorgen dieser Welt gefällt mir.

Es bestätigt mich in meiner Wahrnehmung: Sorgen wird es immer geben. Ich sollte sie nicht unterschätzen. Sie haben das gleiche Potenzial zum Wachstum wie die guten Gedanken. Gegen die Dornen vorzugehen ist ein langer Kampf. Die sind hartnäckig.

Ich möchte heute mal wieder meine Gartenhandschuhe und meine Gartenschere herausnehmen und einige Dornen abschneiden. Damit die guten Gedanken mehr Gelegenheit zum Wachstum haben.

P.S.: Ist es ein Zufall, dass Jesus eine Krone aus Dornen aufgesetzt bekam?

Im Trüben fischen

Heute ist ein trüber Tag. Keine Sonne, dunkle Wolken und immer wieder Regen. Im Prinzip habe ich nicht viele Probleme mit dem Wetter. Das einzig Verlässliche am Wetter ist, dass es sich garantiert wieder ändert. Aber es gibt Tage, da verstärkt das Wetter das Sorgendilemma noch. Schwere Gedanken werden noch schwerer durch Regenwetter und Dunkelheit. Und an solchen Tagen wird es noch schwieriger, Positives wahrzunehmen und zu denken. Ich weiß nicht genau, woher der Ausdruck „im Trüben fischen" kommt, aber er passt dann sehr gut zu meiner Gesamtverfassung. Ich sehe nicht wirklich, was ich da gerade tue und ich fördere nicht wirklich gute Ergebnisse zutage. In diesem Klima gedeihen Sorgen hervorragend. Das Trübe oder auch die Trübung verhindern eine klare Sicht und klare Gedanken. Es gibt nur eine geringe Hoffnung, in dem trübem Gewässer noch „etwas zu fangen". Aber eine Hoffnung bleibt bestehen: das Wetter ändert sich garantiert wieder.

Es gibt kein schlechtes Wetter, nur unpassende Kleidung.
Den Spruch fand ich schon immer nicht wirklich überzeugend.

Maria und Martha

Das Lukasevangelium (Lukas 10,38–42) stellt Martha zusammen mit ihrer Schwester Maria vor. Gemeinsam bewohnen sie ein Haus in einem namentlich nicht bezeichneten Dorf; dort kehrt Jesus ein: *Eine Frau namens Martha nahm ihn freundlich auf.* Maria setzt sich Jesus zu Füßen und hört ihm zu, während ihre Schwester für die Bewirtung sorgt. Schließlich beklagt Martha sich darüber. Jesus antwortet ihr: *Martha, Martha, du machst dir viele Sorgen und Mühen. Aber nur eines ist notwendig. Maria hat das Bessere gewählt, das soll ihr nicht genommen werden.*

Martha und Maria sind hier offensichtlich als Typen gezeichnet, die bestimmte Anteile des christlichen Lebens repräsentieren. Dabei steht Maria für die vita contemplativa, Martha für die vita activa.

Der Name Martha ist aramäischen Ursprungs und bedeutet „sie war rebellisch" oder „Herrin". Im Hebräischen trägt der Name die Bedeutung „die Bittere". Es ist nicht anzunehmen, dass Jesus Arbeit rügte, auch die Bewirtung für Gäste nicht. Was er beanstandete, war, dass Martha sich sorgte. Das griechische Wort hierfür heißt *persipao*, „abgelenkt sein, geistig verleitet, weggezogen". (z. T. aus Wiki)

Maria und Martha waren gute Freunde von Jesus. Johannes berichtet in seinem Evangelium recht ausführlich über diese Beziehung (Johannes mag Beziehungen, glaube ich). Und wir Christen mögen Geschichten über Beziehungen. Vor allem diese Martha-Maria-Sache. Ich habe schon recht viel Predigten und Andachten dazu gehört und Artikel dazu gelesen.

Diese beiden Frauen sind uns doch beide sympathisch oder sie ärgern uns. Je nachdem, in welcher Lebensphase wir uns gerade befinden und wie wir persönlich so gestrickt sind.

Vor einiger Zeit durfte ich in einer Fortbildung eine Aufstellungsübung dazu machen. Ich habe mein Verhältnis zu diesen beiden Frauen in mir und gegenüber Jesus dargestellt. Es machte mir einmal mehr klar, dass ich beide in mir habe und auf keine verzichten will. Auch wenn Martha sich Sorgen macht. Jesus sagt schließlich hier gar nicht, dass sie das lassen soll. Es ist aber das Zweitbeste. Maria hört zu, sonst nichts.

Und Martha macht sich Sorgen. Sie ist eine Kümmerin. Jesus sagt nicht, dass er und seine Leute gar nichts zu essen brauchen oder dass Martha sich jetzt endlich mal hinsetzen soll. Es geht nicht um den konkreten Anlass, den Martha besprechen will. Es geht Jesus um die Grundhaltung des Zuhörens. In dieser Grundhaltung kann ich dann auch kümmern. Das möchte ich gern lernen. Und ich möchte mich nicht entscheiden zwischen Martha und Maria. Ich glaube nicht, dass das in dieser Geschichte der Punkt ist. Ich möchte noch mehr lernen zuzuhören und darauf mein Engagement aufzubauen. Das klingt gut. Also: Auf geht's!

Die Weisheit sitzt vor der Tür

Strahlend und unvergänglich ist die Weisheit; wer sie liebt, erblickt sie schnell, und wer sie sucht, findet sie. Denen, die nach ihr verlangen, gibt sie sich sogleich zu erkennen.
Wer sie am frühen Morgen sucht, braucht keine Mühe, er findet sie vor seiner Türe sitzen. Über sie nachzusinnen ist vollkommene Klugheit; wer ihretwegen wacht, wird schnell von Sorge frei.
Sie geht selbst umher, um die zu suchen, die ihrer würdig sind; freundlich erscheint sie ihnen auf allen Wegen und kommt jenen entgegen, die an sie denken.
Weisheit 6,12–16 (EU)

Diesen Text bekam ich per E-Mail, als ich ihn wirklich gut brauchen konnte.

Es ist ein netter Gedanke, morgens aus dem Haus zu gehen und die Weisheit sitzt vor der Tür. Dort hätte ich sie wahrscheinlich nicht erwartet und auch nicht gesucht.

Noch viel erbaulicher für mich ist allerdings die Sache mit dem Wachen. Nächte mit wenig Schlaf, und stattdessen mit wachen Stunden, in denen ich „nachsinne", sind mir nicht unbekannt. Worüber sinne ich dann nach? Über alles Mögliche, was unter den Allgemeinbegriff Sorgen fällt. Selten über Weisheit.

Aber hier steht, dass über Weisheit nachzudenken nicht nur klug ist bzw. klug macht, sondern von Sorgen befreit. Ein schöner Gedanke.

Die Weisheit ist im Alten Testament eine andere Bezeichnung für Gott selbst. Wie komme ich dahin, mir nachts Gedanken **über** Gott zu machen oder, vielleicht noch besser, Gedanken **mit** Gott zu machen? Und dann so ganz nebenbei Sorgenfreiheit zu erreichen?

Ein gutes Ziel, gehen wir es an.

Glauben ist Weisheit
und Weisheit ist Glauben.

Rabbi Mosche Ben Nachman

Sorgen können schwimmen

Mittlerweile bin ich mir sicher: Sorgen können schwimmen. Zumindest auf Salzwasser. Sie schwimmen immer oben auf und werden Stück für Stück schaukelnd weggeschwemmt.

Das Salzwasser liefern meine Tränen. Wenn sich die Anspannung oder was auch immer zu sehr steigert, fließen die Tränen. Manchmal kullern sie ganz langsam, manchmal ergießt sich ein wahrer Sturzbach. Je tiefer der Auslöser steckt, desto salziger (das habe ich mal von einer Seelsorgerin gehört, dass der Salzgehalt der Tränen sich je nach emotionaler Verfassung ändert). Und je mehr Salz, desto besser schwimmen die Sorgen oben auf. Sie werden rausgeschwemmt, von ganz tief unten.

Und danach, so richtig verheult, fühlt sich alles etwas besser an. Da sind wirklich große Stücke weggeschwemmt worden. Das Leben erscheint wieder etwas leichter, die Sorgen eindeutig kleiner, leichter, eher zu bewältigen.

Also: Sorgen können schwimmen. Und wenn sonst nichts hilft, schwemme ich sie mit viel Salzwasser raus.

10 Ratschläge für Angefochtene

Neulich fiel mir ein altes, zusammengefaltetes Blatt Papier in die Hand. Darauf standen die 10 Ratschläge für Angefochtene, von Martin Luther.

Dieses Blatt hatte ich mir selbst mit einer Tuschefeder einmal geschrieben. Das ist über 25 Jahre her. Diese Ratschläge hingen jahrelang in meiner Studienzeit an meiner Wand neben meinem Bett.

Irgendwie scheint also das Thema Sorgen, Anfechtungen, Nöte nicht ganz so neu zu sein in meinem Leben. Ich bin dann wohl echt ein Profi in Sachen Sorgen.

Ich weiß nicht, ob ich große Fortschritte gemacht habe mit diesem Thema seit dieser Zeit.

Wie lange soll ich noch Geduld haben lieber, Herr Luther? Ich übe weiter.

Eine Anekdote über Martin Luther:

Luther macht sich Sorgen.
Gott fragt Luther: „Ist das meine oder deine Kirche?"
Luther antwortet: „Deine — und ich gehe jetzt schlafen und du kümmerst dich darum."

10 RATSCHLÄGE FÜR ANGEFOCHTENE

1. Einsamkeit ist zu vermeiden. Sie ist „eitel Gift, darum treibt der Teufel selbst dazu".
2. Man muss Umgang und Unterhaltung suchen, die zur Freude anregen.
3. Zur Erweckung fröhlicher Gedanken hat Gott die Musik gegeben.
4. Die schweren Gedanken sind von vorneherein abweisen.
5. Eine angefochtene Person soll nicht auf ihr selbst stehen und sich nicht nach ihrem Fühlen richten, sondern die Worte fassen, die ihr in Gottes Namen vorgelegt werden.
6. Zuspruch frommer Menschen suchen und ihre Stimme als Gottes Stimme ansehen.
7. Gebet anwenden als Schutzwaffe, besonders zu der Zeit, wenn ihr spürt, dass es kommt.
8. Nicht vergessen, dass auch andere mit uns angefochten sind.
9. An den Segen der Anfechtung glauben.
10. Geduld haben, denn Gott ist kein Vater, der kranke und unreine Kinder fortwirft, sonst hätte er keine mehr.

(nach Martin Luther)

Ein verstopftes Abflussrohr

Also, so geht das doch nicht.

Ein verstopftes Abflussrohr macht mir schlaflose Nächte. Zugegeben ein verschärftes verstopftes Abflussrohr, das mich drei Tage lang beschäftigt, während mein Mann beruflich im Ausland weilt. Aber es ist einfach nur ein Abflussrohr. Als Studentin habe ich immer im Waschbecken gespült, weil ich keine richtige Küche hatte. Das war gar kein Problem. Werde ich einfach zu alt für solche Umstände? Ich finde es momentan kein bisschen witzig, im Badezimmer spülen zu müssen.

Oder ist es eine ungünstige Anhäufung? Natürlich ist es nicht nur das Abflussrohr. Wenn die Sorgenmaschine im Kopf mal angeworfen wurde, dann dreht sie ganz schön auf. Dann fehlt eben nur noch ein verstopftes Rohr und ich empfinde die ganze Welt gegen mich.

Ich versuche mich mental in meine Studienzeit zu begeben. Da gab es noch ganz andere Widrigkeiten. Da war es toll, überhaupt eine Wohnung zu haben, ob mit oder ohne richtige Küche. Meine Ansprüche sind natürlich etwas gestiegen. Wächst mit den Ansprüchen auch das Sorgenpotenzial? Könnte gut sein.

Also eine neue Anti-Sorgen-Übung: mit wenig zufrieden sein. Auch nichts Neues unter der Sonne.

Übung für heute: zufrieden sein, wenn der Mensch kommt, der das Abflussrohr repariert. Selten wurde ein Mensch so herbeigesehnt.

Der Rohrmensch ist da und er ist zuversichtlich! Wie schnell sich eine Stimmung verändern kann. Die Sonne scheint schon viel heller.

Das Rohr ist frei und eine beeindruckende Rechnung liegt vor mir. Die Erleichterung ist da, aber schwindet schon wieder. Und, schwupp, rücken die Sorgen Nummer 2–5 einen Platz nach oben.

Also arbeiten wir uns weiter durch die Liste.
Heute Abend sollte etwas mehr Gelassenheit im emotionalen
Tank sein.

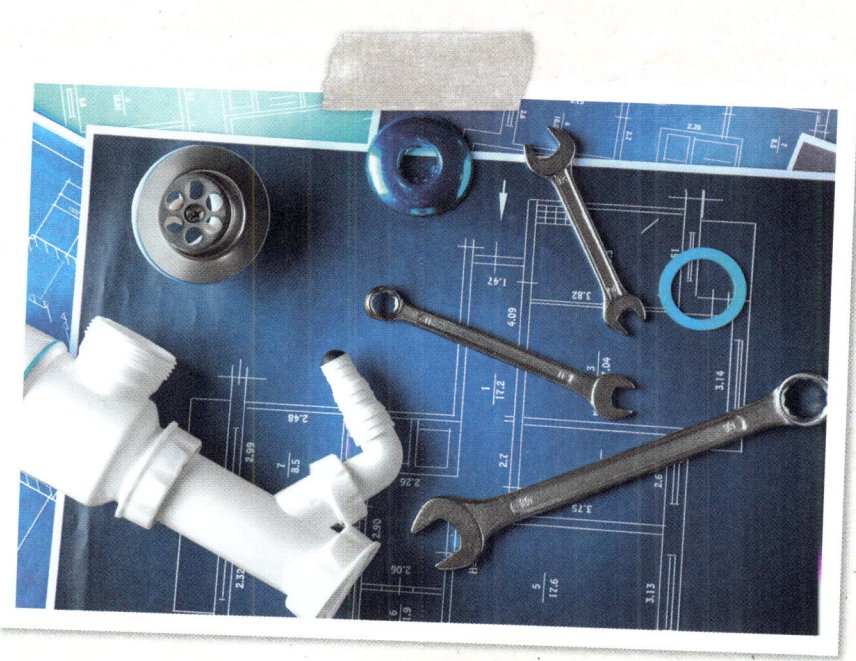

Der vernachlässigte Konjunktiv

Ich mag Sprache.

Ich mag es, über treffende Formulierungen nachzusinnen und Aha-Effekte passend in Worte zu fassen.

Und ich bin auf eine interessante Besonderheit meiner Sorgendynamik gestoßen. Meine Sorgen formuliere ich nämlich nicht angemessen.

Sorgen beziehen sich ja nur zum Teil auf die Realität. Der größte Teil spielt sich doch im Bereich der Möglichkeiten ab. Man sollte also davon ausgehen, dass ich meine Sorgen im Konjunktiv denke. Also im „könnte, würde, sollte, hätte" usw.

Beispiel: Wenn er das auch nächste Woche nicht packen **würde,** dann hätten wir den Salat. Angereichert noch mit etwas Futur.

So denke ich aber nicht.

Ich denke im Indikativ Präsens.

Also: Er packt das nicht, und nächste Woche packt er das auch nicht, und dann haben wir den Salat.

Sobald ich das in den angemessenen Konjunktiv, also die Möglichkeitsform, übersetze, merke ich, dass ich mich eben in der Möglichkeitsform befinde. Und das macht ganz klar, dass es auch noch andere Möglichkeiten gibt. Und das bringt mich weg von der einen Sorge und bringt etwas Änderungspotenzial in die Gedankenwelt.

Also: Ich breche eine Lanze für den vernachlässigten Konjunktiv.

Ich nehme mir, vor als kleine Anti-Sorgen-Übung meine Sorgen bewusst im Konjunktiv zu denken. Ich weiß nicht, ob das irgendjemand außer dem großen Deutschprofi und Autor Bastian Sick und mich begeistert, aber ich finde das richtig gut!

Es weiß niemand besser,
wo ihn der Schuh drückt,
als der ihn trägt.

Deutsches Sprichwort

Komm zu mir

Ein Bibeltext aus Matthäus 11,28:

In jener Zeit sprach Jesus: Kommt alle zu mir, die ihr euch plagt und schwere Lasten zu tragen habt. Ich werde euch Ruhe verschaffen.
– Einheitsübersetzung

Ihr plagt euch mit den Geboten, die die Gesetzeslehrer euch auferlegt haben. Kommt doch zu mir; ich will euch die Last abnehmen.
– Gute Nachricht

Kommt her zu mir, alle, die ihr mühselig und beladen seid; ich will euch erquicken.
– Lutherbibel

Kommt alle zu mir, die ihr euch abmüht und unter eurer Last leidet! Ich will euch Ruhe geben.
– Hoffnung für alle

Kommt zu mir! Alle, die ihr am Ende seid, abgearbeitet und mutlos: Ich will euch Erholung und neue Kraft schenken.
– Das Buch

Kommt alle her zu mir, die ihr müde seid und schwere Lasten tragt, ich will euch Ruhe schenken.
– Neues Leben

Mehrere Bibelübersetzungen helfen mir, das Wesentliche zu sehen.

Das wichtigste Wort für mich: Komm!

Ich stelle mir Jesus vor, wie er das zu mir sagt und ermunternd die Hand ausstreckt. Komm zu mir, wir gehen gemeinsam Hand in Hand durch diese Straße, diese Zeit.

Oft sage ich dann wohl: „Ach Jesus, kann schon alleine." Jesus lächelt, er kennt sich aus mit Dreijährigen und wartet geduldig.

Manchmal nehme ich seine Hand und genieße dann den Weg wie einen Spaziergang durch den Wald.

28 Kommt her zu mir, alle ihr Mühseligen und Beladenen! Und ich werde euch Ruhe geben.

Matthäus 11,28 (Revidierte Elberfelder Bibel)

Macht sich eigentlich jemand Sorgen um mich?

Also, es geht ja nun die ganze Zeit immer und immer wieder um die Tatsache, dass ich mir um irgendetwas oder irgendjemanden Sorgen mache. Manchmal hilft ja in der Auseinandersetzung mit einem Thema ein Perspektivenwechsel. Und da habe ich mir gedacht: „Macht sich eigentlich auch jemand Sorgen um mich?"

In den letzten Jahren musste ich feststellen, dass ich eine eigenartige Ausstrahlung habe. Die meisten Menschen nehmen mich als eine Frau wahr, die prinzipiell ihr Leben im Griff hat. Ich bin dann immer total erstaunt, wenn meine innere Selbstwahrnehmung dem gerade gar nicht entspricht.

Was auch immer ich mit dieser Rückmeldung so mache (prinzipiell ist sie ja ganz auferbauend) – diese Menschen machen sich schon mal keine Sorgen um mich. Ist ja auch ganz gut so.

Aber die Leute, die mich näher, oder richtig, oder wie auch immer, kennen. Die Menschen, die wissen, was mich umtreibt. Machen die sich ab und zu ein wenig Sorgen?

Hätte ich das gern?

Natürlich möchte ich nicht die Ursache für die Sorgen anderer Leute sein.

Aber die Vorstellung, dass sich da so gar keiner um mich sorgt, das ist auch nicht wirklich beruhigend. Ich möchte Menschen wichtig sein, sie sollen sich (ein wenig) um mich kümmern und wenn es ernst wird, eigentlich auch ein wenig sorgen. So ein ganz lockeres: „Das schaffst du schon" oder das frömmere „Gott wird es schon gut hinausführen" oder so. Das reicht dann nicht mehr.

Also wenn ich ganz ehrlich bin, komme ich doch echt an den Punkt, dass ich möchte, dass sich im Ernstfall jemand um mich sorgt.

Hart, aber wahr.

Wie kann ich dann darüber jammern, dass ich mich sorge?

Ist es mal wieder nur eine Frage der Dosis und des richtigen Zeitpunktes?

Selbsterkenntnis ist nicht immer angenehm. Da fällt mir ein Zitat ein, ich weiß nicht mehr, von wem:

Vor der Himmelfahrt der Gottes-
erkenntnis steht die Höllenfahrt
der Selbsterkenntnis.

Bodenankerübung

Es gibt eine herrliche Übung aus der systemischen Therapie, die ich in letzter Zeit öfter gemacht habe, die ich richtig gern mache (mit mir selbst und mit anderen) und die mir wirklich guttut.

Drei Blätter Papier oder Pappe werden auf den Boden gelegt, das sind die sogenannten Bodenanker. Sie stehen für mich, eine andere Person und Gott. Diese drei werden in der angemessenen Weise zueinander positioniert. Sodass es sich richtig anfühlt.

Dann gibt es eine Handvoll Steine, die Lasten, Probleme oder Sorgen symbolisieren und die auf den drei Pappdeckeln verteilt werden. Mittlerweile kann ich diese Übung sogar schon „trocken" einfach im Kopf machen. Wer hat wie viele Steine? Wie nah oder fern ist wer zu Gott? In welche Richtung bin ich gerade orientiert? In welche die andere Person?

Das Schönste ist Phase zwei, in der ich nach Lust und Laune hin und her schieben kann. Lasten neu verteilen: wieso soll ich die Steine anderer Leute tragen? Mich deutlicher zu Gott ausrichten, meine Perspektive beliebig ändern.

Das tut einfach gut.

Auch Phase drei, in der ich dann wieder eine realistische Anordnung nach diesem Wunschtraum aufstelle, ist erleichternd.

Das Leben wie in einer Puppenstube oder in einem Sandkasten einfach mal durchspielen. Das hat etwas Spielerisches, etwas Kreatives und etwas Erleichterndes.

Nein, es ist jetzt nicht alles klar und einfach – aber es hilft!

Ich

andere

Gott

49

Steine werfen

In dieser Bodenankerübung kann ich Steine auf den Bereich für Gott legen. Legen, nicht werfen, wobei mir diese letztere Vorstellung schon immer gefallen hat.

„Werft alle eure Sorge auf ihn, denn er kümmert sich um euch."
(1. Petrus 5,7; EU)

Wegwerfen hat etwas herrlich Dynamisches, Befreiendes. Wenn ich emotional nicht gerade sanftmütig bin, dann kann ich mir das immer noch vorstellen: das ganze Gerümpel nehmen und Gott vor die Füße werfen. Da darf ich dann alles rauslassen.

Rund um diesen Vers hat es Petrus nämlich eher mit all diesen friedlichen Tugenden: Demut, Nüchternheit, Wachsamkeit usw. Danach ist mir manchmal aber gar nicht.

Aber egal, ob ich mit voller Kraft schmeiße oder nüchtern und wachsam lege: Die Vorstellung, die Sorge abzugeben an den, der sich sowieso darum kümmert, hat doch etwas Erfrischendes.

Warum mache ich das dann so selten? Warum muss ich mich immer wieder selbst daran erinnern? Warum entspricht es anscheinend so gar nicht meinem Naturell? Warum entspricht es anscheinend nicht nur meinem, sondern dem menschlichen Naturell generell nicht?

Ach, die menschliche Psyche ist doch etwas sehr Spezielles.

Glücklicherweise kannten die Schreiber der Bibel die Höhen und Tiefen der menschlichen Seele schon recht gut. Hier fühle ich mich sehr oft gut verstanden und nicht mehr allein auf dem Sorgenplaneten.

Also möchte ich öfter mit Petrus werfen oder auch sanft ablegen. Hauptsache, ich werde es für eine Weile los.

Wenn man schlafen geht,
soll man die Sorge
in die Schuhe stecken.

aus Schweden

Keine Sünde

Alle eure Sorge werft auf ihn; denn er sorgt für euch.
(1. Petrus 5,7; LU)

Gott sorgt sich um mich!!!

Also, wenn er das tut, dann darf ich das prinzipiell doch auch, oder?

Mich ärgert es, wenn Menschen predigen, dass es Sünde ist, wenn ich mir Sorgen mache. Das entspricht absolut nicht meinem Erleben und auch nicht meinem Gottesbild.

Zugegeben: wir werden erstaunlich oft in der Bibel aufgefordert, uns keine Sorgen zu machen, keine Angst zu haben und uns nicht zu fürchten. Aber wenn uns das nicht so total im Blut liegen würde, dann bräuchte man ja auch nicht ständig darüber zu schreiben. Ich denke, dass Angst, Furcht und Sorge schon in Ordnung sind. Jesus selbst hat diese Emotionen in aller Tiefe gelebt. Diese Gedanken und Gefühle sollten uns aber nicht beherrschen. Das ist wohl die Kunst, die Grenze zu erkennen und rechtzeitig kehrtzumachen, umzukehren, wie es in der Bibel auch recht häufig heißt.

Wenn die Sorge mich zu Gott in seine Arme rennen lässt, was kann es dann Besseres geben?

Habe neulich mal wieder einen interes-
santen Menschen getroffen: mich selbst.

Plakatwerbung für Urlaubsreisen

Sorgen-Wolke

Also, ich bin in Teilen meiner Persönlichkeit ein pessimistischer bis misstrauischer Mensch. Ich freue mich erst richtig, wenn ich das versprochene Geschenk wirklich in der Hand habe, wenn der Vertrag unterschrieben ist, wenn die Ware geliefert ist usw. Es könnte ja immer noch etwas dazwischenkommen.

Andererseits habe ich ein großes Vertrauen in Menschen, das hin und wieder an Naivität grenzt, wie ich hinterher immer wieder mal feststelle. Da stelle ich mich gegen Gerüchte und muss dann irgendwann die wahre Story hören und denke nur: Das will ich jetzt doch gar nicht wirklich wissen.

In Zeiten dieser Unbedarftheit und des Vertrauens, da passiert es: ein Telefonanruf, eine E-Mail, irgendeine neue Information, ohne die ich definitiv glücklicher war. Eine kleine Hiobsbotschaft über Umstände oder Menschen, denen ich wohl zu sehr vertraut hatte. Und dann zieht die dicke schwarze Sorgen-Gewitter-Wolke in mein Denken und nimmt den ganzen Raum ein. Das Ganze wird immer wieder hin und her bewegt. Wie war das vorher? Was ist passiert? Was soll das alles? Was soll ich jetzt machen?

Ein großes, unangenehmes Gefühlsknäuel entsteht. Und alle schönen Übungen, die in diesem Tagebuch stehen, sind für die Tonne!

Ab und zu gelingt es mir durch Ablenkung, die Wolke beiseite zu schieben, oder durch einen tränenreichen Unwetterausbruch zu verkleinern. Aber die schwarze Wolke kommt immer wieder und beherrscht mein Denken. Gibt es kein wirkliches Rezept gegen Sorgen? Muss ich mich „einfach" damit abfinden, dass Sorgen zu meinem Leben gehören und es immer wieder mehr bestimmen werden, mehr als mir lieb ist?

Dass ich hier sitze und diese Zeilen schreibe, werte ich aber auf alle Fälle als Fortschritt und will es mir auch nicht nehmen lassen. Ich möchte mich den Sorgen nicht einfach ausliefern, ich möchte sie wahrnehmen, sie verstehen und mich ihnen stellen. Zumindest dieser Gedanke sollte dauerhaft einen kleinen Sonnenstrahl an der Sorgen-Wolke vorbeischicken können.

Machtlosigkeit

Mit das Schlimmste ist das Gefühl der Machtlosigkeit.

Oder anders ausgedrückt: Aktivität hilft.

Wenn ich den Grund meiner Sorge als nicht beeinflussbaren Umstand empfinde, wenn ich das Gefühl eines übermächtigen Schicksals habe, wenn ich mich den Umständen ausgeliefert fühle, dann ist es fast nicht zu ertragen. Dann kann es zu seelischen Schmerzen kommen, die fast körperlich zu spüren sind. Hilflosigkeit, Machtlosigkeit kann ich nun mal nicht leiden. Ich möchte zumindest den Eindruck haben, dass ich noch Einfluss habe, dass ich mein Leben zumindest mitbestimmen kann. Dass ich nicht nur Opfer bin.

Also tut schon eine minimale Möglichkeit der Aktivität gut. Informationen einholen, mit jemandem darüber sprechen, Lösungspläne erarbeiten, egal was. Hauptsache, ich bin beschäftigt und habe das Gefühl, es wird besser.

Ist das alles nicht ein großer Selbstbetrug? Was habe ich denn wirklich in der Hand in meinem Leben? Natürlich kann ich Entscheidungen treffen und habe Gestaltungsmöglichkeiten, aber die großen Dinge, die habe ich nun mal nicht in der Hand.

Wäre es nicht viel weiser, „einfach" zu akzeptieren, dass ich gerade mal wieder an meine Grenzen stoße?

Wäre es nicht viel weiser, mich mit dem in Ruhe zu besprechen, der die Macht hat, all das zu beeinflussen?

Ich komme immer wieder an den gleichen Punkt:

Sorge nicht – bete!

Das beste Mittel gegen viele Sorgen
ist eine einzige Sorge.

Guy de Maupassant

Meine Mitmenschen

Wie sehr bin ich verantwortlich für meine Mitmenschen?

Ich bewege mich auf einer langen Linie, irgendwo zwischen ganz und gar nicht. Ich bin nicht, gar nicht und niemals verantwortlich für das, was andere Menschen tun.

Aber ich nenne mich Christ und die Nächstenliebe beinhaltet doch, dass ich meine mitmenschliche Verantwortung lebe, dass ich mich einmische, wenn ich es für nötig erachte.

Manchmal ist es sehr schwer, daneben zu stehen und zuzusehen, wie Menschen sich in einer Art und Weise verhalten, die ich kaum ertragen kann. Ich möchte sie am liebsten schütteln, oder ihnen am liebsten gleich alles aus der Hand nehmen oder ihnen zumindest mal einen richtig gehörigen Vortrag halten. (Nein, ich denke dabei nicht nur an Kinder!!!)

Ich glaube, dass es meine Pflicht ist, ab und zu klare Worte zu sagen, wenn es notwendig ist. Auch wenn ich damit vielleicht die Harmonie der Beziehung aufs Spiel setze.

Auf jeden Fall möchte ich mir nicht irgendwann selbst Vorwürfe machen, so in dem Stil: Warum hast du damals nichts gesagt, warst du einfach zu feige?

Andererseits möchte ich sie natürlich auch angemessen unterstützen, mich in sie einfühlen, ihnen helfen.

Wie finde ich den richtigen Punkt auf dieser Linie? Das richtige Wort zum richtigen Zeitpunkt, das richtige praktische Angebot, aber auch die gebotene nötige Distanz?

Was geht mich etwas an und was geht mich einfach nichts an? Wo ist die Grenze der Persönlichkeitssphäre, die ich nicht überschreiten möchte und darf?

Wenn es einfacher wäre, da immer meine richtige Position zu finden, dann würde es auch immer seltener in große Sorge ausarten.

Meine Mitmenschen (Fortsetzung)

Die Sache mit der Linie beschäftigt mich weiter. Ich überlege mir, wo ich die Menschen aus meiner Umgebung positionieren würde. Private Beziehungen und berufliche. Wer ist mir besonders nahe? Für wen halte ich mich besonders verantwortlich? Welche Menschen würde ich gern etwas weiter wegschieben oder näher ranholen?

Hier und da könnte auch ein Gespräch darüber, was mein Gegenüber denn so von mir erwartet, vielleicht etwas Entspannung bringen. Möchten die anderen Menschen, dass ich mich im Geiste oder auch ganz real um sie kümmere? Erwarten sie von mir mehr oder weniger Nähe?

Manche Menschen auf der Linie entdecke ich auch wieder ganz neu. Da wäre doch mal wieder eine Postkarte oder ein Telefonat dran.

Das kommt auf jeden Fall jetzt ganz konkret auf die Tages-to-do-Liste.

Mutter sein ohne Sorgen?

Eine Frage beschäftigt mich immer mehr.

Kann man Mutter sein, ohne sich Sorgen zu machen, geht das überhaupt? (Ja, Väter machen sich bestimmt auch viele Sorgen um ihre Kinder, aber Mütter sind einfach oft näher am Geschehen dran. Und außerdem bin ich nun mal Mutter.)

Alle Gedanken kreisen um das Wohlbefinden dieses einen kleinen Menschen oder sogar derer gleich mehrere. Ernährung, Kleidung, Gesundheit, allgemeines Wohlbefinden, Entwicklung, Förderung ... Und wäre es da nicht sogar sträflich, sich keine Sorgen zu machen? Man muss doch ...

Ich kann mir diesen Job eigentlich nicht ohne Sorgenkomponente vorstellen.

Dabei kommt mir immer die Bibelstelle in den Sinn, in der die Mütter ihre Kinder zu Jesus bringen. Da muss echt Action gewesen sein. Man hatte damals ja nicht nur Einzelkinder. Also, viele Frauen mit noch mehr Kindern kommen zu Jesus und wollen, ja, was wollen sie eigentlich? Dass er sie segnet, ihnen Ratschläge gibt? Auf jeden Fall werden sie nicht gekommen sein, weil alles so reibungslos in der Kinderaufzucht funktioniert hat.

Sie werden sich um das eine oder andere Kind große Sorgen gemacht haben.

Jesus sagt an dieser Stelle: Lasst die Kinder zu mir kommen. Das heißt doch für die Mütter: Ich nehme dich ernst mit deinem Anliegen und hier bist du genau richtig.

Das klingt gut für mich. Ich glaube, ich darf mir als Mutter um meine Kinder Sorgen machen, das ist nicht verwerflich. Und wenn ich sie dann in Gedanken zu Jesus bringe, hat er vollstes Verständnis für mich.

Heilige Monika

Vor einiger Zeit bin ich auf die Heilige Monika gestoßen. Ich muss gestehen, dass mir ihre Geschichte vollkommen unbekannt war, obwohl ich doch zwei Kinder habe. Mittlerweile denke ich, jede Mutter sollte diese absolut tolle Geschichte kennen.

Monika lebte im 4. Jahrhundert als Christin in Nordafrika. Sie hatte mehrere Kinder. Vor allem ihr Sohn machte ihr viele Jahre lang große Sorgen. Sein Lebenswandel entsprach ganz und gar nicht Monikas Vorstellungen. Oft weinte sie sich bei ihrem Beichtvater aus. Dieser antwortete ihr einmal mit einem überlieferten Satz: „Ein Sohn so vieler Tränen kann nicht verloren gehen!"

Monika betete viel für ihren Sohn, der dann noch viel berühmter wurde als seine fürsorgliche Mutter. Es war der spätere Kirchengelehrte, der ebenfalls (von der katholischen Kirche) heiliggesprochene Augustinus.

Was lehrt das uns Mütter (und Väter)?

Nicht aufgeben!

Und: Monika wurde als sorgende Mutter berühmt. Sie war eine Profi-Sorgerin. Ihre Anti-Sorgen-Maßnahmen waren Beichtgespräche und Gebete. Und für das alles wurde sie sogar heiliggesprochen, das bedeutet, dass die katholische Kirche sie als Vorbild für alle Gläubigen im Gedächtnis behalten wollte. Wenn das keine Ermutigung für alle Mütter ist!

Kümmern und Sorgen

Also, ich habe schon öfter die Rückmeldung bekommen, dass sich Gäste bei uns recht wohl fühlen, weil sie sich gut versorgt fühlen, ohne dass sie durch übertriebene Fürsorge eingeengt oder genervt werden. Also kann ich das mit dem Kümmern anscheinend ganz gut. Wo ist die Grenze zwischen Kümmern und Sorgen?

Manchmal mache ich gern eine Skizze oder eine Übersicht, um mir Zusammenhänge klar zu machen. In meinem Kopf hat sich folgender Versuch festgesetzt:

Sich kümmern:

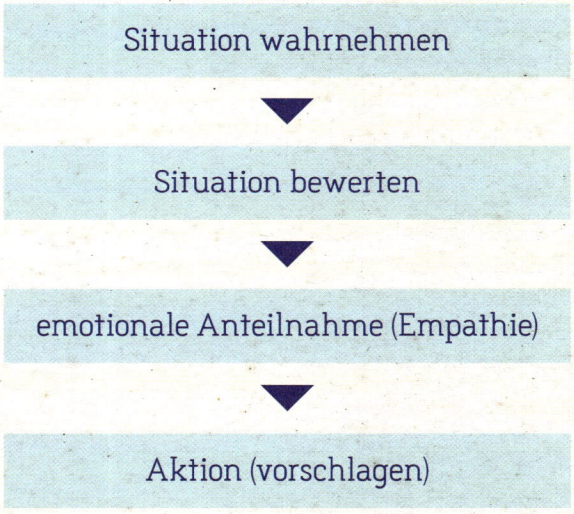

Situation wahrnehmen

Situation bewerten

emotionale Anteilnahme (Empathie)

Aktion (vorschlagen)

Bei der Sorge fängt es zwar gleich an, entwickelt sich dann aber anders:

Sorgenmachen um andere:

Bei der Sorge schlägt die Empathie fast sofort in Befürchtungen und Ängste um. Andere Gefühle sind zweitrangig. Oft erreicht der Mensch in der Sorge gar nicht die Phase der Aktion, sondern bleibt in einer Endlosschleife hängen, betrachtet immer wieder die Situation, kommt immer wieder zur negativen Bewertung, und so weiter.

Das heißt für mich: meine gute Wahrnehmung ist noch nicht der problematische Punkt. Man könnte ja auch sagen, dass man einfach nicht so viel mitkriegen sollte, dann ist die Sorgengefahr kleiner. Meine Bewertung ist auch noch nicht der Punkt, wenn sie nicht sofort in negative Emotionen umschlägt. Hier ist die Kreuzung, bei der es sich entscheidet, wohin ich abbiege. Kann ich eine gute gesunde empathische Gefühlslage haben oder zieht es mich in die Angstschleife?

Ein schönes Übersichtsbild. Leider ist mir noch nicht klar, wie ich meine Entscheidung an diesem Punkt fälle und wie ich die Entscheidung ändern kann.

Déjà vu

Das Schaubild hat mir noch mal deutlich gemacht, was eigentlich ja nicht zu übersehen ist: Sorge gibt es nicht ohne Angst. Woher kommt die Angst?

Eine meiner häufigsten Angstgedanken speist sich aus dem einen Satz: „Das darf sich nicht wiederholen." Irgendwann in meiner Vergangenheit habe ich schwere Zeiten selbst erlebt oder bei anderen mitangesehen. Wenn sich nun eine ähnliche Ausgangssituation bietet, dann erlebe ich eine Art Déjà vu, ich erlebe die negativen Gefühle von damals, und die Angst ist da.

Mich aus diesem emotionalen Knäuel herauszuholen ist echt schwer. Diese irgendwann gelernten Abläufe „Jetzt geht es weiter bergab" haben sich tief eingegraben.

Um das zu überschreiben, bedarf es leider nicht nur **einer** Episode, die nicht negativ verlaufen ist. Um dieses Programm zu überschreiben, bedarf es der **häufigen** Wiederholung im Geist und in der Realität. Ich weiß nicht genau, wie oft. Ich weiß nur, je eindringlich das negative Erlebnis war, desto länger dauert es, das Programm zu überschreiben.

Das war jetzt recht psychologisch mit Informatiksprache angereichert. Man könnte es auch Heilung nennen.

Ich möchte Gott immer wieder zutrauen, dass er diese Wunden heilt, diese negativen Erfahrungen mit seiner Liebe überdeckt. Das geht aber auch nicht auf einmal. Zumindest in meiner Vita waren das immer längere Prozesse.

Es hilft mir, zu entdecken, welche alten Geschichten mich immer wieder einholen. Es hilft mir, zu erkennen, warum ich jetzt gerade diese Abzweigung genommen habe und wieder in der Angst und Sorge lande. In der Hoffnung, es beim nächsten Mal anders zu machen.

Sorgerecht

Die deutsche Sprache ist manchmal echt stark. Eine neue Entdeckung von mir ist das Wort „Sorgerecht".

Das ist doch toll, da habe ich das ganz offiziell von unserem Staat bestätigte Recht, mir um meine Kinder Sorgen zu machen. Gibt es das in anderen Ländern auch?

Ich bin ein guter Staatsbürger.

Ich werde mein Recht nutzen.

Fürsorge

Noch so ein schönes Wort: „Fürsorge"

Nicht _um_ jemanden sorgen, sondern _für_ jemanden. Ich möchte für dich sorgen. Das bedeutet, dass die Sorge positive Auswirkungen für diesen Menschen hat. _Um_ jemanden sorgen hat so etwas Herumwuselndes, ohne Plan. _Für_ diese Person zu sorgen – das hat etwas von Liebe.

Wenn schon Sorgen machen, dann für den Anderen, für mein Gegenüber. Nicht für mich, nicht für irgendjemanden, sondern für DICH.

Der Zurückgeforderte

Es gibt da noch so eine tolle Mutter-Sohn-Geschichte im Alten Testament, in 1. Samuel 1,27-28. Da geht es um Hanna und Samuel. Hanna bekommt ganz lange keine Kinder, betet im Tempel und macht einen Deal mit Gott: wenn sie schwanger wird, bekommt er später das Kind. Hanna bekommt einen Sohn, Samuel, und bringt ihn im Alter von drei Jahren in den Tempel. Sie nennt ihn einen „vom Herrn Zurückgeforderten" und übergibt ihn den Priestern im Tempel. Nun kann man natürlich sagen, wozu der Deal, Hanna hätte ja auch einfach so um ein Kind beten können. Hätte sie wohl, ist für mich jetzt aber gerade nicht der Punkt.

Mich begeistert dieses Wort „Zurückgeforderter". Spätestens wenn die Kinder von zuhause ausziehen, wird klar, dass man sie nur „geliehen" hatte. Jedes Kind ist ein Zurückgefordertes. Je früher ich es „abgebe", desto besser und leichter.

Jeden Tag könnte ich meine Kinder in den Tempel bringen (rein in meiner Vorstellung) und sie dem geben, der wirklich für sie verantwortlich ist. Ich finde, das hat was. Es muss ja nicht immer gleich ein Samuel daraus werden.

Fremdsorgen

Manchmal mache ich mir gern Sorgen. Da macht es richtig Spaß und ich genieße es. Ja, und das ist auch nicht irgendwie sonderbar, sondern ganz normal. Nämlich immer dann, wenn ich Krimis oder andere spannende Filme schaue. Das gilt natürlich auch ebenso für spannende Theaterstücke, Romane oder andere Geschichten, die ich mir anschaue, anhöre oder lese.

Geschichten fesseln uns, wenn die Gefühle stark sind und wenn wir uns mit den Personen freuen, ängstigen und uns mit ihnen sorgen. Da sind wir richtig gut im Bedenken, wer der Mörder war, wer die Intrige gesponnen hat, wer wen aufrichtig liebt oder auch nicht, oder was auch immer Spannendes passiert ist.

Dieses Fremderleben ist uns irgendwie wichtig. Das Geschichtenerzählen am Lagerfeuer gibt es wohl in jeder Kultur. Unser Lagerfeuer ist einem elektronischen Gerät mit einem Bildschirm gewichen (selbst das Lesen wird ja nun auf Bildschirme verlegt). Aber wir wollen immer noch gute Geschichten hören und sehen. Wir wollen mit unseren Helden leiden, kämpfen, triumphieren und uns mit ihnen um den guten Ausgang sorgen.

Der große Vorteil dabei ist, dass der gute Ausgang garantiert ist und wir selbst nicht verantwortlich sind. Dieses Fremdsorgen hat wohl auch eine wichtige Aufgabe. Wir üben dadurch für unser echtes Leben. Leider sind die Filme, die uns meistens im Fernsehen oder Kino serviert werden, nicht immer brauchbare Vorbilder für den guten Umgang mit Sorgen. Aber vielleicht lernen wir dabei wenigstens, wie wir in einer entsprechenden Situation lieber nicht handeln möchten.

Ich freue mich auf jeden Fall auf den nächsten Film, bei dem ich mich so richtig mit Hingabe fremdsorgen kann und genau weiß, dass die Geschichte ein Happy End hat und ich nicht zuständig war.

Es ist manchmal gut,
die Sorgen so zu behandeln,
als ob sie nicht da wären;
das einzige Mittel,
ihnen die Wichtigkeit zu nehmen.

Rainer Maria Rilke

Worüber ich mir keine Sorgen mache

Manchmal hilft es mir, einige Fragetechniken aus der Beratung auf mich selbst anzuwenden. Ich frage mich also im Geiste so aus, als wäre ich meine eigene Klientin. Macht Spaß, lenkt ab und hilft!

Bei der ständigen Beschäftigung mit dem, was Sorgen bereitet, erfrischt beispielsweise die Frage, was mir gerade keine Sorgen macht. Und da steht positiv ganz oben das absolute Sorgenthema, nämlich die Gesundheit. Mir geht es gut! Mein Körper wird zwar offensichtlich nicht jünger, wie die steigende Zahl der Einschränkungen deutlich macht: Falten, weniger Haare, Brille, schneller aus der Puste usw. Aber das geht schließlich jedem so. Nein, es geht mir gut. Ich bin nicht ernsthaft irgendwie erkrankt, habe auch keinen Verdacht auf irgendetwas und bin nicht in langwierigen Therapien.

Das war schon anders. Ich erinnere mich an sehr langwierige Krankheiten. Und was fast noch schlimmer war: an zwei Krebsverdachtsnachrichten. Das hat mich damals sehr aus dem Tritt gebracht. Auch wenn die Dame am Telefon oder am Praxisempfang nochmals bestätigte, dass wahrscheinlich doch nichts ist. Wahrscheinlich – aber das müsste man abklären. Abklären heißt eben doch, dass es sein könnte. Und Statistiken haben mich noch nie beeindruckt. Ich bin ein Einzelfall, das ist der Statistik doch egal, ob ich jetzt erkranke oder nicht. Ganz egal, wie viele schon vor mir, gleichzeitig oder nach mir erkranken. Bis zum eindeutig negativen Befund waren es schwierige Tage.

Wie kam ich jetzt darauf? Ach ja, derzeit treiben mich keine gesundheitlichen Befürchtungen um. Das musste jetzt mal erwähnt werden. Außerdem mache ich mir auch gerade gar keine Geldsorgen. Das war in meinem Leben auch schon mal anders.

Hilft mir diese Erkenntnis jetzt eigentlich?

Ein wenig schon.

Wir halten meist den für sorglos,
der unsere Sorgen nicht hat.

Unbekannt

Vorsorge

Noch so ein tolles Wort: „Vorsorge"

Unsere Krankenkasse möchte, dass wir zur Vorsorge gehen. Meine Erfahrung damit ist: Ich mache mir vorher Sorgen über etwas, über das ich mir wirklich Sorgen machen würde, wenn es eintreten würde. Bisher ist es aber noch nie eingetreten. Also irgendwie Sorge umsonst. Denn das bekomme ich nicht ganz hin: Vorsorge ohne Sorgen.

Ich erinnere mich an ein Gespräch mit meinem Frauenarzt, in dem er mich etwas rügte, weil ich zugab, nicht besonders häufig nach Knoten in meiner Brust zu suchen. Ich sagte dann zu ihm: „Wissen Sie, es ist schon komisch, etwas suchen zu sollen, was man gar nicht finden will." Bis heute habe ich dieses schwierige Verhältnis zur Vorsorge, obwohl ich relativ tapfer hingehe. Und die Gelegenheiten werden ja mit zunehmendem Alter nicht weniger (und die Untersuchungen nicht angenehmer).

Ich denke, dass ich mit dieser Haltung nicht der einzige Patient bin. Ich treffe aber immer wieder auf Ärzte, die ihr Verständnis dafür verloren haben. (Irgendwann müssten sie es doch mal gehabt haben und irgendwann müssen auch Ärzte zur Vorsorge.) Und leider auch auf Arzthelferinnen, die auch nicht mehr eine empathische Ausstrahlung zu diesem Thema aufweisen.

Ich möchte mich ernstnehmen mit diesen Ängsten und möchte von anderen damit ernstgenommen werden.

Also, die nächste Vorsorgeuntersuchung kommt bestimmt und ist wieder ein weiteres Übungsfeld für mich, mit Sorgen umzugehen. Ich möchte mir diese Ängste eingestehen und darüber sprechen: Mit mir selbst, mit Mitpatienten, Ärzten und Arzthelferinnen. Wegschieben und verdrängen funktioniert nämlich nicht, und ist auch nicht sinnvoll.

Ich wiederhole mich

Ich wiederhole mich.

Ich wiederhole mich öfters, das ist nichts Besonderes.

Aber ich wiederhole mich eindeutig auch in diesem Tagebuch. Es gibt doch diese Bücher, in denen es heißt: „Wenn Sie ..., dann lesen Sie auf Seite 24 weiter." Ich habe das Gefühl, ich könnte nach jedem Eintrag schreiben: „Nun lesen Sie auf Seite xy weiter und da steht dann: Sorge nicht – bete!"

Keine schlechte Erkenntnis, aber eben immer wieder eine Wiederholung. Und das ist ja auch ein klassisches Sorgensymptom, die ständige Wiederholung, eine kleine Endlosschleife im Hirn. So ähnlich wie eine Schallplatte mit Sprung (ja, ich bin schon so alt, dass ich das noch kenne).

Irgendwie überzeugt es mich nicht, dass die Maßnahme gegen die Sorge quasi die gleiche Struktur hat wie die Sorge selbst. Das macht mich misstrauisch.

Oder muss das so sein?

Muss ich sie sozusagen mit ihren eigenen Waffen schlagen? Soll ich genauso nervtötend zurückschlagen mit Geduld, Gebet, immer neuem Perspektivwechsel, immer neuer Achtsamkeit? Mit einem endlosen Vorrat an allen christlichen Tugenden?

Stur dran bleiben muss ich ja anscheinend. Die Sorge ist extrem hartnäckig. Da hilft vielleicht nur, genauso hartnäckig zu bleiben?

Hartnäckigkeit gehört, glaube ich, nicht zu meinen stärksten Charaktereigenschaften. Da kann ich mich definitiv noch entwickeln.

Das bedeutet aber auch eindeutig: Ich darf mich wiederholen. Ich muss mich sogar wiederholen. So oft, bis ich es wirklich ganz tief verinnerlicht habe.

Sorge nicht – bete!

Nichts soll dich ängstigen,
nichts dich erschrecken.
Alles geht vorüber.
Gott allein bleibt derselbe.
Alles erreicht der Geduldige,
und wer Gott hat,
der hat alles.
Gott allein genügt.

Theresa von Avila

Viren und Sorgen

Ich habe da so ein festes Bild in meinem Kopf: Wenn ich mal in den Himmel komme, wird meine erste Frage sein: „Herr, was sollte das mit den Viren?" Mir ist klar, dass mich diese Frage, wenn es dann so weit ist, wahrscheinlich gar nicht mehr interessiert. Aber jetzt interessiert sie mich.

Viren machen krank. Und sonst gar nichts. Bisher wurde keinerlei positive Eigenschaft an diesen Viechern gefunden. Sie können unheimlich viele, teilweise tödliche Krankheiten auslösen, bis hin zu Krebs. Aus meiner Sicht steht das Urteil fest: Die Welt wäre besser dran ohne sie. Oder haben sie irgendeinen tieferen Sinn, der mir bisher verborgen geblieben ist?

Nun kam mir gestern eine Parallele in den Sinn. Sorgen sind den Viren doch erstaunlich ähnlich. Sie sind ansteckend! Sie können krank machen. Sie haben auf den ersten Blick keinerlei positive Eigenschaft. Allein sind sie auch nicht lebensfähig. Sie brauchen einen Wirt, um zu überleben, jemanden, der sich Sorgen macht.

Aber: Wäre die Welt ohne sie besser dran? Ich bin mir noch nicht ganz sicher. Immerhin sind sie ja zumindest zurzeit ein recht kreatives Übungsfeld für mich. Da fehlt mir dann aber noch die Möglichkeit der Immunität. Es gibt so ein paar ganz seltene Menschenexemplare, die scheinen immun zu sein gegen Sorgen. Ob das eine angeborene oder erworbene Immunität ist, weiß ich nicht. Wie wäre es mit einer Impfung gegen Sorgen oder zumindest einer erworbenen Immunität nach durchgemachter Sorge? Klingt gut, hätte ich gern. Dann würde ich mich auch bemühen, mit meinen Sorgen keine anderen Menschen anzustecken, versprochen.

Dann wäre klarer, wie ich mit den Biestern umgehen soll.

Momentan kann ich nur sagen, dass sich meine Frage erweitert in: „Herr, was sollte das mit den Viren und mit den Sorgen?" Vielleicht bekomme ich ja hier doch noch eine Antwort?

Engel

Was hilft denn nun wirklich?

Unter den vielen guten Ideen und Übungen ist für mich das Wichtigste: Freunde und Bekannte. Menschen, die ich in der ganz großen Krise anrufen kann. Menschen, die mich kennen. Im Idealfall Menschen, die auch schon eine kleine Vorstellung von meinem aktuellen Thema haben.

Wenn ich allein bleibe, komme ich viel schwerer aus der Gedankenschleife und/oder dem Gefühlsknäuel heraus. Also her mit dem Telefonhörer. Es ist aber ganz und gar nicht egal, wen ich anrufe. Nach manchen Gesprächen fühle ich mich gar nicht besser, weil ich einfach nur alles erzählt habe und es mir daher nur noch klarer vor Augen steht, dass ich da gerade gar keine schöne Lebensphase habe. Auch nicht hilfreich ist es, wenn ich das Gefühl habe, dass mein Gegenüber zu sehr mitleidet. Dann habe ich zu allem hinterher auch noch ein schlechtes Gewissen, dass ich diesen Menschen jetzt auch noch belastet habe.

Also am liebsten einen seelsorgeerprobten Menschen. Glücklicherweise habe ich davon einige in meinem Adressbuch.

Und da ist wohl einer meiner größten Schätze.

Vielen Dank, ihr Engel, die ihr mich aushaltet und tragt, wenn es schwierig wird!

Trösten kann nur, wer die Wege mitgeht
und die Tränen mitweint,
die abgewischt werden wollen.

Hans J. Schliep

Ich bin deutsch

Während meines letzten Auslandsurlaubs, und vor allem auch direkt danach, habe ich sehr deutlich gespürt: ich bin Deutsch. Ich bin sehr geprägt von der deutschen Kultur und vermisse Sauberkeit, Pünktlichkeit und weitere klassische deutsche Tugenden, im Zweifelsfall mehr, als ich es mir selbst gern eingestehe.

Nun haben die Deutschen aber nicht nur Tugenden kulturell perfektioniert. Da gibt es auch eine echte Gabe für das negative Denken. Wir können hervorragend kritisieren, misstrauisch sein, abwerten, eben einfach negativ beurteilen. Wir finden immer was zu meckern.

Darüber hinaus können wir auch richtig gut jammern. Irgendwas ist immer nicht recht, mindestens das Wetter. Aber ganz übel empfinde ich es, wenn dann noch der Wettkampfgeist erwacht. Nach dem Motto: Dir geht es vielleicht gerade schlecht – aber mir geht es bestimmt noch schlechter. Und wenn nicht gerade jetzt, dann irgendwann in der Vergangenheit. Erzählt jemand von seiner Krankheit, hat es ein Zuhörer bestimmt auch schon gehabt, und dann gewiss länger oder heftiger.

Was soll das? Warum tun wir das? Ich möchte gern lernen, positiver zu denken, wenn schon beurteilen, dann auch positiver zu bewerten und positiver zu planen.

Mehr Lebensfreude leben und anderen dabei helfen, sie zu entdecken.

Meine derzeitige Lektüre ist *Love Attacks* von Frank Bonkowski, mit Ideen, wie wir Nächstenliebe im Alltag leben können. Das scheint mich wirklich zu beschäftigen. Vielleicht eine gute Motivation?

Reif für die Insel

Heute ist wieder so ein Tag.

Wie war dieser Spruch, der vor ein paar Jahren so in war: Ich bin reif für die Insel.

Wenn mir jetzt jemand ein Ticket für morgen früh in die Hand drückt, ich käme sehr in Versuchung, einfach wegzufahren. Koffer packen und abhauen.

Es waren in den letzten Tagen einfach zu viele schlechte Nachrichten. Die guten Nachrichten, die sicherlich auch dabei waren, hatten keine Chance, die Oberhand zu gewinnen.

Ich habe keine Lust, Hiob Konkurrenz zu machen. Und ich habe absolut nicht die Coolness für solche Sätze wie: „Der Herr hat's gegeben, der Herr hat's genommen, gelobet sei der Name des Herrn."

Ich habe einfach große Lust, mich aus dieser Lebenssituation mal kurz in den Urlaub zu verabschieden. Meine Verantwortung nicht mehr zu übernehmen und ganz tief durchzuatmen.

Natürlich werde ich das nicht tun. Dafür bin ich zu mutig und zu feige zugleich.

Ich werde aushalten, mich ab und zu in Gedanken an einen Strand oder wenigstens einen Pool irgendwo im Warmen unter strahlender Sonne träumen und aushalten.

Es wird keinen Spontanurlaub vom Sorgenalltag geben, aber es wird öfter einen Gedankenurlaub geben.

Also: Malediven oder Seychellen oder doch einfach nur Mallorca? Im Kopf ist alles möglich.

Bilder im Kopf

Im Kopf ist viel möglich. Ich bin ja nun ein Mensch der Worte, deshalb schreibe ich ja auch Tagebuch. Aber ich habe bei meinem Gedankenurlaub bemerkt, dass Bilder ohne Text auch sehr angenehm sein können. Wenn ich es schaffe, schönen, positiven Bildern Raum in meinem Kopf zu geben, dann tut das richtig gut. Eine innere Bildergalerie oder sogar ein inneres Kino. Auch das muss auf die Übungsliste. Dabei ist das Wort Übung eigentlich unangebracht. Muss ich „Urlaub im Kopf" üben? Ich glaube, ich muss es einfach nur machen. Also ist die Übung: eine Erinnerung schaffen, dafür, dass ich es tue. Beispielsweise Bilder ins Tagebuch kleben!!!!

Bild einkleben.

Hier auch.

Und hier.

Extradosis Lob

Ich habe vor einigen Wochen eine medizinische Kräftigungs-
therapie begonnen. Muskeln, die das bisher kaum kannten, mussten
Arbeit leisten, um sich nicht mehr zu verspannen oder andere
unpassende Dinge zu tun. Das war erstaunlich schwierig.

Aber es gibt ja Frau M. Die Physiotherapeutin ist einfach super.
Ich höre Sätze wie „Das machen Sie richtig gut, Frau Hauer" oder
„Ja, genau so" oder „Jetzt haben Sie ordentlich was geschafft". Ich
fühle mich nach diesen Übungen emotional beschwingt. Wann
bin ich in meinem Leben jemals so eindringlich, nachhaltig und
dauerhaft gelobt worden? Das fühlt sich richtig gut an.

Ich merke, dass ich mich auf die Termine freue. Nicht auf die
Übungen, sondern auf die Extradosis Lob. Das hebt das Lebens-
gefühl und verscheucht negative Gedanken. Daran kann man
sich richtig gewöhnen.

Was mache ich, wenn die Termine alle vorbei sind? Wo hole ich
mir meine Wochendosis Lob?

Da brauche ich noch eine kreative Idee.

Ein Mensch braucht Ermutigung,
wie eine Pflanze das Wasser.

Rudolf Dreikurs

Wo ist meine Position?

Ich habe schlecht geschlafen. Oft aufgewacht und immer komisch geträumt. Immer waren es Situationen, in denen ich etwas falsch gemacht habe oder von jemand kritisiert wurde.

Was soll mir das jetzt sagen?

Dass ich es vermeintlich oder real nicht im Griff habe, ist ja schon zur Genüge bekannt. Zurzeit bekomme ich von allen Seiten Erwartungen und Ansprüche angetragen. Menschen erzählen mir ihre Sorgen oder leben sie mir vor.

Wessen Sorgen sind es denn? Wie sehr mache ich diese Themen zu meinen?

Gestern habe ich einer Freundin meine These erläutert, dass das System Schule viel weniger ein Problem wäre, wenn die Zuständigkeiten klar wären. Wenn jeder seinen Job machen würde: Schüler, Lehrer und Eltern. Und wenn nicht ständig darüber diskutiert würde, wer für was zuständig ist.

Hörte sich gut an. Wäre bestimmt auch ein erstrebenswertes Ziel. Nur dieser Anspruch gilt nicht nur für Schule.

Ich finde es zurzeit echt anstrengend, mich angemessen zu positionieren. Wo endet Empathie und wo beginnt unangemessene Sorge? Wieso denke ich, dass ich alles falsch mache (laut Traum), nur weil Menschen in meiner Umgebung gerade vermehrt nicht klarkommen.

Auch nach Wochen der Beschäftigung mit diesem Thema habe ich noch nicht den Eindruck, dass ich eindeutig an Klarheit gewonnen hätte. (Und Klarheit ist das Schönste, was es gibt!)

Dafür tut das Schreiben gut!

Ein Tagebuch schreiben,
ist fotografieren mit einem Bleistift.

Unbekannt

Schreiben tut gut

Schreiben tut gut!

Das ist keine neue Erkenntnis, aber sie bestätigt sich fast täglich. Es tut mir gut, Ereignisse, Zusammenhänge, Erkenntnisse und anderes schriftlich festzuhalten. Beim Schreiben muss ich bedenken, bewerten, formulieren. Ich muss mich richtig damit beschäftigen. Der Vorteil zum einfachen Nur-vor-mich-hin-Denken ist, dass es auch eine Richtung bekommt. Es dreht sich nicht immer alles im Kreis. Durch das Formulieren kann ich die Dinge im Idealfall auf den Punkt bringen. Oder es wird mir klar, dass es noch gar nicht klar ist. Dass ich noch keine Worte dafür habe. Wenn ich es noch nicht aufschreiben kann, dann muss es noch reifen.

Durch das Schreiben bekomme ich aber auch eine gesunde Distanz zu dem Thema, das mein Leben gerade so eindeutig bestimmt. Das, was mir als Gegenüber auf dem Papier steht, ist eindeutig greifbarer, aber auch eindeutig weiter weg. Manchmal erlebe ich das auch beim Malen. Aber da geht es bei mir nicht so schnell und nicht so oft wie beim Schreiben.

Das Schreiben ist wie ein Selbstgespräch. Da spreche ich Dinge aus, wenn auch lautlos. Und wenn die Dinge benannt worden sind, dann verlieren sie meistens an Schrecken. Dann werden sie fassbarer, griffiger. Dann bin ich einfach entspannter. Und ich kann das Ganze dann auch leichter mit anderen Menschen besprechen.

Schreiben tut gut. Ich möchte diese Möglichkeit der gedanklichen Auseinandersetzung nicht mehr missen.

Also muss es einmal hier gesagt bzw. geschrieben werden: Liebes Tagebuch, vielen Dank für deine guten Dienste!

Herkunftswörterbuch

Es ist erstaunlich, wie unstrukturiert ich bei diesem Thema doch bin. Sonst ist das Erste, was ich mache, nachzusehen, was ein Wort ursprünglich bedeutet. Diesmal komme ich erst nach vielen Wochen auf die Idee, mein altes Herkunftswörterbuch von Duden zurate zu ziehen. Und: keine große Überraschung, da sind Gedanken, die hier auch schon vorgekommen sind. Dort steht in Auszügen:

Sorge w: das gemeingerm. Substantiv mhd., mnd. Sorge, ahd. sorga, got. saúrga, engl. sorrow, schwed. Sorg geht von der Grundbedeutung „Kummer, Gram" aus, die im Niederd., Schwed. und Engl. noch erhalten ist. ... Im Dt. bestehen seit ahd. Zeit zwei Hauptbedeutungen des Wortes. Einerseits bedeutet es als Schattierung der oben genannten Grundbedeutung „Unruhe, Angst, quälender Gedanke" und wird so oft in der Mehrzahl gebraucht (Sorgen haben). ... Andererseits entsteht die Bedeutung „Bemühung um Abhilfe", so besonders in dem Verb sorgen und seinen Präfixbildungen, sowie in Vorsorge und Fürsorge ...

Keine wirklich neuen Erkenntnisse. Aber es tut meinem Ego gut, zu lesen, dass der Duden meiner Meinung ist!

Wenn ich schon beim Nachschlagen bin, muss doch auch Wiki zu Wort kommen:

Der Begriff Sorge beschreibt ein durch vorausschauende Anteilnahme gekennzeichnetes Verhältnis des menschlichen Subjektes zu seiner Umwelt und zu sich selbst. Eine subjektiv erwartete Not (Bedürfnis, Gefahr) wird gedanklich vorweggenommen und wirkt sich im Fühlen, Denken und Handeln des Besorgten oder Sorgenden aus. Das Spektrum reicht dabei von innerlichem Besorgt- oder Beängstigt-Sein bis zur tätigen Sorge für oder um etwas.

Definition aus Wikipedia

Kummerkasten

Jetzt hat mich das Wort Kummer aus dem Herkunftswörterbuch doch noch beschäftigt. Und ich musste das auch nochmal nachschlagen. Kummer bedeutet so viel wie Schutt, Müll, Belastung, Mühsal, Not, Gram.

Ich habe noch nie an einen Kummerkasten geschrieben, aber die Idee fand ich schon immer ganz gut. Ich schreibe an jemanden und bekomme dann die Lösung serviert. Ich delegiere das Ganze einfach an eine unbeteiligte Person. Und die beschäftigt sich sogar gern damit bzw. wird dafür bezahlt.

Wenn ich Kummer im Sinne von Müll verstehe, wird der Kummerkasten dann aber vielleicht noch zur Mülltonne. Das war auch schon immer eine sehr angenehme Vorstellung für mich. Sorgen, Kummer oder was auch immer gedanklich in die Tonne zu werfen, sie dort zu lassen und der Müllabfuhr zu überlassen.

Irgendwie gefällt mir das Wort Kummer, es hat einen angenehmen Klang. Und die Vorstellung, dass ich Kummer entsorgen kann, hat auch etwas sehr Attraktives. Also her mit dem Kummer – in den Kummerkasten damit oder in die Mülltonne.

Was ist das Ziel?

Was ist eigentlich das Ziel?

Ich sollte vielleicht etwas systematisch bleiben. Nachdem ich die Definition nachgeholt habe, die gute alte Frage stellen: „Worum geht es eigentlich?"

Also, was ist das Ziel?

Sorglosigkeit kann nicht das Ziel sein. Spätestens seit es smarte Zieldefinitionen gibt, wissen wir, dass negative Zieldefinitionen nicht funktionieren. Selbst in Grundschulklassen werden die Klassenregeln positiv formuliert. Also nicht: wir rennen nicht, sondern: wir gehen langsam.

Also nicht „Ich will mir keine oder weniger Sorgen machen", sondern ...???

Der nette Versuch mit dem grammatikalischen Ausweg über die Sorglosigkeit funktioniert auch nicht.

Ich brauche eine positive, klare Zieldefinition. Gibt es ein klares Gegenteil von Sorge?

Mir fällt da nur mein Standardspruch ein, wenn mich jemand fragt, was ich zum Geburtstag oder zu Weihnachten haben möchte, dann sage ich meistens: „Ruhe und Frieden, ein Pfund bitte."

Für mich ist das der Gegenpol. Wenn ich es schaffe, in äußerlichem Frieden und innerer Ruhe oder auch in äußerlicher Ruhe und inneren Frieden zu leben, dann finden die Sorgen nur eine kleine Angriffsfläche bei mir.

Ruhe und Frieden. Das ist bestimmt nicht für alle Menschen eine prickelnde Zieldefinition. Vielleicht gilt es auch keinen Gegenbegriff zur Sorge, der für alle Menschen gilt. Vielleicht muss jeder im Kampf gegen die Sorgen sich sein persönliches Ziel definieren.

Also für mich bleibt bestehen: „Ruhe und Frieden, ein Pfund bitte, es darf auch etwas mehr sein."

Ruhe und Frieden, ein Pfund bitte!

„Ruhe und Frieden, ein Pfund bitte, es darf auch etwas mehr sein."

Schöner Spruch. Ich habe auch schon mal einen Gutschein dafür geschenkt bekommen.

Aber selten bekomme ich das geschenkt. Ich muss es mir selbst erarbeiten, selbst anstreben. Und dazu brauche ich Stille. Früher war ich (nicht nur als Teenager) ein Mensch, der gern mehrere Dinge parallel gemacht hat. Ein Buch lesen, dazu Musik hören und Schokolade essen. In meiner Berufstätigkeit musste ich dann lernen, dass Multitasking eine Illusion ist und auf Kosten der Qualität geht. Mit zunehmendem Alter brauche ich immer mehr klare Strukturen, eines nach dem anderen und – Stille.

Wenn mir am Tag eine Zeit fehlt, die ich allein und in Stille verbringe, dann werde ich zappelig, ungeduldig, unkonzentriert, schneller wütend usw. In den letzten Jahren bin ich, so glaube ich, besser geworden in der Fähigkeit zu merken, wann ich eine Auszeit brauche. Eine Auszeit von Menschen, von Lärm, von Trubel in jeglicher Form.

Wenn ich das rechtzeitig schaffe, dann haben Ruhe und Frieden mehr Chancen.

Oft denke ich, dass meine Mitmenschen das vielleicht als unhöflich oder egoistisch bewerten, wenn ich mich dann auch mal ganz klar zurückziehe. Dann bekomme ich aber immer wieder positive Rückmeldungen, dass sie das eigentlich toll finden und auch gern öfter machen würden.

Stille suchen und finden, nicht nur mühsam ertragen.

Das hilft auf dem Weg zu Ruhe und Frieden.

Und das hilft im Kampf gegen die Sorgenangriffe.

Kriegszustand

Befinde ich mich eigentlich im Krieg?

Meine Wortwahl hat sich in den letzten Monaten verändert. Da kommen Kampf und Angriff und andere ähnliche Worte vor.

Ist das gut?

Ist das angemessen?

Ich bin doch prinzipiell ein friedliebender Mensch. Siehe Ruhe und Frieden.

Auf jeden Fall zeigt es eine gewisse emotionale Beteiligung in Richtung Aggressivität.

Will ich das?

Darüber muss ich noch nachdenken.

Alle Sorgen des Lebens stürzen über
uns zusammen, weil wir uns weigern,
jeden Tag eine Weile still
in unserem Zimmer zu sitzen.

Blaise Pascal

Gewaltfrei

Ich habe nachgedacht und komme zu der Überzeugung: Nein, ich will es nicht.

Ich möchte mich nicht in einen Krieg oder Kampf begeben, weder real noch in Gedanken bzw. verbal.

Ich befürchte, dass die Aggressivität, die ja nun mal da ist und sich in meiner Wortwahl Raum verschafft, nicht nur auf die Sorge richtet. Ich denke, dass sich der Zorn ausbreitet auf die Sache und die Menschen, die Grund für die Sorge sind. Und das möchte ich definitiv nicht.

Im Sinne von: die Sünde ablehnen, den Sünder aber nicht.

Also: Die unangemessene Sorge ablehnen, den Grund zur Sorge aber nicht.

Und da werde ich versuchen, meine Sprache angemessen zu wählen. Ich habe schließlich schon einen Kurs in gewaltfreier Kommunikation nach Marshall Rosenberg und noch andere Einheiten zur menschlichen Kommunikation hinter mir. Das muss doch mal Früchte tragen.

Meine beste Freundin

Mein Tagebuch wächst immer mehr und ich habe mich getraut, es einer Bekannten zum Lesen zu geben. Sie hat mich sehr ermutigt, dran zu bleiben (Danke, Antje!) und hat einige typische Beraterfragen dazu gestellt. Eine Frage ist hängengeblieben: „Wenn die Sorge deine allerbeste Freundin wäre..." Ich habe mir das dann mal bildlich vorgestellt. Ich treffe mich mit meiner besten Freundin Eva (sie heißt Eva Sorge!). Was macht man so mit seiner besten Freundin? Heute gehen wir shoppen. Zunächst nur einen Schaufensterbummel. Wir betrachten uns diese richtig teuren Sachen und fangen etwas an zu lästern. Eva hat zu jedem Kleid eine passende Bemerkung.

Eigentlich brauche ich nicht wirklich etwas zum Anziehen. Aber Eva ermutigt mich, einfach mal etwas anzuprobieren. Eine kleine Modenschau startet. Eva hat einen ganz genauen Blick. Hier macht sie mich auf die mangelnde Qualität aufmerksam, da auf den Schnitt oder das Material. Sie ist auch mal erfrischend ehrlich und sagt: „Das steht dir überhaupt nicht." Wir beenden das Shoppen ohne Beute, was aber nicht schlimm ist, weil ich ja, wie schon erwähnt, eh nichts akut brauche.

Wir gehen noch zu dieser Café-Kette mit den gefühlten 137 Kaffeevariationen, wo ich schon immer mal hinwollte und noch nie war. Es macht Spaß, mit Eva zu plaudern. Sie hat durchaus Humor und kann Dinge immer so schön auf den Punkt bringen.

Nach dieser Imaginationsübung fühle ich mich irgendwie gut. Nach kurzer Selbstreflexion wird mir klar, dass Eva immer mit mir shoppen geht. Sie verhindert, dass ich tolle Plastikklamotten kaufe, die ich auf der Haut nicht leiden kann. Sie verhindert, dass ich einer kurzen Schwäche nachgebe und Kleider kaufe, die ich garantiert nie tragen werde usw. Und so komisch es klingt, ermutigt sie mich sogar manchmal zu Aktivitäten. Sie ist gar nicht die große Verhinderin, wie ich immer dachte. Sie tut mir gut, eben wie eine beste Freundin.

Eva bedeutet übersetzt:
Mutter der Lebendigen,
die Leben Schenkende
oder einfach Leben.

Jammern hilft

Ich kenne jemanden, der, wenn seine Kinder so richtig nörgelig drauf sind, sie gern mit leuchtenden Augen auffordert: „Jammer doch, jammern hilft!" Nach dieser Aufforderung ändern sich meistens das Gesprächsthema und auch die Stimmung.

Jammern hilft? Natürlich nicht. Wenn man ins Jammern kommt, dann ist man meistens hinterher noch schlechter drauf als vorher.

Aber drüber reden ist doch hilfreich.

Ich habe nach einem Begriff gesucht, der positives Jammern umschreibt und habe einen gefunden, der mir gefällt: das Klagen. Das Klagen ist eine alte biblische Tugend. Es gibt nicht nur einen Klagepsalm, sondern viele. Beim Bedenken des Themas „Klagen" fiel mir ein, dass es ja ein ganzes Buch in der Bibel dazu gibt: die Klagelieder. Ich gestehe, dass ich es noch nie bewusst gelesen hatte. Also her mit der Lektüre. Nicht wirklich spannend, aber sehr hilfreich bei der Frage: „Was ist denn klagen?"

In diesem Text wird die Geschichte von Israel erzählt, wie es unter der Zerstörung des Tempels gelitten hat. Die Geschichte wird erzählt und die emotionale Verfassung der Menschen wird sehr deutlich geschildert. Ich habe selten in einem Text so viele Gefühlswörter entdeckt: Tränen, Kummer, Weh, Trübsal, Bedrängnis, Elend – um nur eine kleine Auswahl zu nennen. Die Trauer wird so deutlich und greifbar, und trotzdem ist dieser Text kein Jammern. Die Klage führt durch das Erzählen der Geschichte und das schonungslose Benennen der Gefühle eindeutig zur Erleichterung.

Und was ist dann Jammern? Ich habe den Eindruck, dass Jammern hat eher Lästern und Schuldzuweisung zum Ziel. Die Geschichte wird nicht wirklich erzählt, sondern nur Bruchstücke hingeworfen. Außer Wut kommt da auch nicht wirklich eine klare Emotion zu Wort. Und das erleichtert nun gar nicht. Also: Jammern hilft nicht, klagen schon.

Gottesdienst — der alles umspannende Dialog. Menschen versammeln sich im Namen Jesu. Gott begegnet ihnen in Wort und Sakrament. Was sie bewegt, bringen sie vor Gott in Lob und Dank, Klage, Bitte und Fürbitte.

Evangelisches Gesangbuch

Balance

Also: Ich brauche die Sorge zur Balance.

Um meine emotionale Verfassung auszubalancieren. Dieses Sein zwischen Angst und Wut. Und dieses Sein zwischen Passivität und Aktivität.

Ich bin nun mal ein phlegmatischer Mensch, man könnte auch platt sagen: Ich bin ziemlich faul. Außerdem kommt dazu noch eine gehörige Portion Anpassungsfähigkeit. Das Ganze bringt eine gewisse Passivität hervor. Die Sorge bringt Dynamik ins Spiel. Sie verursacht Emotionen (mehr als mir oft lieb ist), die mich dann endlich in Aktion bringen.

Die Dynamik der Sorge ist wichtig, sie bringt mich in Bewegung. So sonderbar es auch klingen mag: Die Sorge verhilft mir letztendlich, auch ans Gute zu glauben und es anzustreben.

Es geht hier nicht nur um ein vorübergehend gutes Gefühl. Es geht ums Happy End!

So langsam finden sich doch einige gute Seiten an diesen komischen Sorgen!

Keine Lust mehr auf Sorgerei

Also ich habe langsam keine Lust mehr auf diese Sorgerei. Das ist eindeutig kein neuer Gedanke. Schließlich fing dieses Tagebuch mit der Feststellung an, dass ich mir definitiv zu viele Sorgen mache. Am Anfang aber war die Motivation eine andere. Da ging es mir darum, dass Magenbeschwerden oder andere hinderliche Folgen der Sorgerei aufhören sollten. Nun hat sich nach all dem Hin- und Herreflektieren herausgestellt, dass ich prinzipiell gar nichts gegen Sorgen habe. Sie tun mir manchmal sogar gut. Aber ich möchte mich eindeutig nicht mehr zu viel und auch nicht aus der falschen Motivation heraus sorgen.

Wann es sich falsch anfühlt – das habe ich mittlerweile schon ganz gut im Gefühl. Dann nehme ich mir Sorgen, die gar nicht meine sind. Dann geht es mir zu sehr an meine Energie. Dann nimmt es zu viel Raum ein.

Das mit dem Sorgen, wenn es also in Ordnung ist – das habe ich aber noch nicht ganz verstanden. Wahrscheinlich einfach, weil es mich nicht stört und deshalb nicht so auffällt. Ich weiß noch nicht, wie ich von dem einen in den anderen „Modus" umschalten kann. Kann ich eine Motivation gegen eine andere austauschen? Geht das überhaupt? Auch auf anderen Gebieten?

Ich möchte mich um mich und andere Menschen kümmern und auch sorgen. Das habe ich verdient und die Menschen in meiner Umgebung auch. Das bedeutet schließlich, dass mir der Mensch wichtig ist.

Also sorgen in Ruhe und Frieden. Sorgen nicht aus egoistischen Motiven heraus, sondern um der Menschen willen. Sorgen aus Liebe. Gott sorgt sich schließlich auch um uns und tut es aus Liebe zu uns.

Wer will, dass die Welt bleibt wie sie ist,
der will nicht, dass sie bleibt.

Erich Fried

Ich werde alt

Ich werde alt. Ist das etwas Neues? Ja! Älter wurde ich schon immer, quasi seit meiner Geburt. Aber jetzt werde ich langsam alt. Mein Körper benimmt sich allmählich, als würde sich ein Teil nach dem anderen dem Verfallsdatum nähern. Die Augen und Ohren, Haare und Haut sowieso, Kondition, Gelenkigkeit usw. Das ganze Körpergefühl geht nur noch abwärts.

Damit sind unangenehme Gefühle verbunden. Verfall, Abschied, Trauer. Es ist mit einer Art kontinuierlichen Trauerarbeit verbunden, dieses Sich-Verabschieden von körperlichen Fähigkeiten und das Akzeptieren von körperlichen Einschränkungen und Krankheiten.

Ich habe schon mehrfach mit anderen Menschen Patientenverfügungen besprochen bzw. ausgefüllt. Dabei habe ich mir immer vorgenommen, das selbst nun auch endlich anzugehen. Nur ganz vorsorglich ...

„Je früher, desto einfacher" und ähnliche Sprüche sammelten sich in meinem Denken. Bisher ist dieser Vorsatz aber im entscheidenden Moment immer auf der To-do-Liste nach unten gerutscht oder verschwand ganz aus der Wahrnehmung. Ja, die Auseinandersetzung mit Krankheit und Tod wird alltäglicher, aber nicht unbedingt angenehmer.

Und das macht Sorgen. Der große Trost ist: der Club der Gleichgesinnten ist ganz schön groß. Die Gespräche mit Gleichaltrigen drehen sich immer öfter um das Thema Gesundheit bzw. eher um Krankheit.

Ich habe Angst vor manchen Krankheiten, die drohen können, und vor Schmerzen. Die meiste Angst aber habe ich vor der Abnahme meiner geistigen Fähigkeiten. Meinen Alltag nicht mehr selbst strukturieren zu können. Mit Sprache nicht mehr so liebevoll und souverän umgehen zu können, wie ich es eben sehr gern tue. Und ich kann einfach nicht wirklich behaupten, dass die Tatsache, dass ich sterben werde, mich emotional so gar nicht betrifft.

Ich werde alt. Ich habe mir in den letzten Jahrzehnten aber auch Kompetenzen erarbeitet, die ich jetzt genieße. Etwas mehr Geduld und Gelassenheit als früher, öfter den Blick für Zusammenhänge und das große Ganze. Leichter auf etwas verzichten zu können. Nein, ich möchte absolut nicht noch mal Teenager sein. Und ich möchte jeden Tag mein Alter genießen und mir diese Fähigkeit nicht von aufkommenden Sorgen kaputt machen lassen.

Ich werde alt und ich werde es hoffentlich auch genießen!

Loslassen

Es hat sich mittlerweile eine gewisse Vertrautheit mit dem Thema Sorgen eingestellt. Die Selbstreflexion erscheint schneller und wirkungsvoller. Manche guten Übungen habe ich wieder in meinen Alltag eingebaut. Die Umstände haben sich absolut nicht verändert, eher noch verschlimmert. Ich habe gute Gründe, mir Sorgen zu machen.

Was ist nun das Schwierigste? Das variiert von Tag zu Tag.

Ein Stichwort, das mir heute wichtig ist, ist das Loslassen. Auch kein neues Thema für mich. Viele Bücher sind über diese psychische und geistliche Tugend geschrieben worden. Ich habe selbst schon darüber geschrieben.

Loslassen ist soooo schwer.

Unsere ganze Alltagsgestaltung, unsere Kultur, unsere Persönlichkeit ist ausgerichtet auf das Erreichen, Ergreifen und Festhalten. Prinzipiell ja auch nicht wirklich falsch. Aber das Loslassen ist ebenso wichtig, damit das Leben in der Balance bleibt.

Ballast abwerfen tut so gut. Egal, ob ganz physisch, praktisch beim Ausmisten oder beim seelischen Großreinemachen.

Aber wir haben wenig Übung darin. Ich habe immer noch zu wenig Übung darin.

Also Loslassen üben. Damit das Loslassen der Sorgen auch gelingen kann. Die Idee, alles festhalten zu müssen, alles im Griff haben zu müssen und zu können. Auch von dieser Idee sollte ich mich immer mehr verabschieden, sie loslassen.

Loslassen beinhaltet Abschied.

Abschied beinhaltet Trauer.

Trauer, wenn ich mich von Sorgen verabschiede – das klingt doch etwas sonderbar. Ich trauere doch auch nicht, wenn ich den Müll raustrage. Meine Sorgen sind eben doch nicht nur Müll. Das

habe ich ja doch hoffentlich in den letzten Monaten begriffen –
oder doch noch nicht ganz?

Also: Ich übe loslassen.

Das Loslassen von Dingen.

Das Loslassen von festgehaltenen Ideen, die nicht helfen.

Das Loslassen von Menschen.

Das Loslassen von einer Vorstellung, wie ich zu sein hätte.

Alles nichts Neues unter der Sonne!

Es ist ein sehr gefährliches Ding,
sich von einer besonderen Anhänglich-
keit gegen ein Geschöpf oder ein
geschaffenes Gut treiben zu lassen.

Aloisius Gonzaga SJ

Einwirkzeit

Erkenntnisse brauchen Zeit.

In diesem kleinen Tagebuch stehen schon erstaunlich viele Erkenntnisse. Manche sind noch recht neu. Andere haben sich schon öfter in mein Bewusstsein gedrängt, sind dann aber anscheinend irgendwie wieder in einen Standby-Modus abgetaucht.

Erkenntnisse brauchen anscheinend Einwirkzeit. So wie man einen verkrusteten Topf beim Spülen oder einen hartnäckigen Fleck beim Waschen erst einmal in viel warmem Wasser mit Spülmittel oder Seife einwirken lässt. Dann kann sich das Alte lösen und neuer Glanz erstrahlen.

Was ist in diesem Bild das warme Wasser, in dem ich meine Gedanken baden lassen sollte? Es ist eine Atmosphäre des Wohlfühlens, der Geborgenheit, des guten Aufgehobenseins. Im Dauerstress oder sogar Kampfzustand kann nichts wirken: Ich muss mich guten Menschen und dem guten Gott aussetzen, um die guten Gedanken wirken zu lassen.

Im Zusammenspiel mit diesen guten Gefühlen können die guten Gedanken dann auch vom Kopf ins Herz rutschen. Und dann ist das neue Verhalten keine alltägliche Kraftanstrengung mehr, sondern eine ganz einfache Folgerung.

Das ist schon wieder so in Balance-Thema. Praktische Übungen angehen und andererseits sich selbst eine Einwirkzeit zugestehen, in der nach außen hin gar nichts passiert. Die aber so wichtig ist für den Erfolg des ganzen Unternehmens.

Ich gönne mir also heute – um das Bild noch mal zu strapazieren – eine geistliche Badewanne voll mit einem schönen Badezusatz. Lasse das einfach wirken. Mal sehen, wie das aussehen wird.

Das Leben genießen

Es wurde dann doch keine geistliche Badewanne mehr an diesem Tag, sondern eine sehr irdische und vor allem physische. Ich war mit meiner Nachbarin spontan in der Stadt. Zuerst in einer Tapas-Bar und danach noch Eis essen.

Es war einfach nur gut.

Die Sorgen konnten ganz leicht losgelassen werden. Dem Erfinder der Tapas gebührt irgendein grandioser Preis, ebenso dem Erfinder des Speiseeises!

Ablenkung ist nicht die schlechteste Strategie.

Und vor allem Genuss! Das Leben genießen, das geht mit, ohne und sogar trotz Sorgen!

Warum scheine ich das hin und wieder zu vergessen?

Zerre deine Gedanken weg
von seinen Sorgen, an den Ohren,
den Füßen oder auf sonst eine Art,
die dir recht ist. Das ist das
Gesündeste, was ein Körper tun kann.

Mark Twain

Sorgen teilen

Der Ausflug in die Tapas-Bar hat noch einen neuen Gedanken zur Folge. Wir saßen zusammen und teilten unsere Tapas. Jeder hatte seine und probierte von denen der anderen. Und ganz nebenbei teilten wir auch unsere Sorgen. Jeder erzählte ein wenig von seinen Sorgen und hörte zu bei den Sorgen der Anderen. Wir kosteten quasi ein wenig vom Leben der Anderen und ließen vom eigenen Leben auch etwas probieren. Und bei diesem Lebenteilen und Sorgenteilen nahmen die Sorgen allmählich ab. So wie die Tapas auf dem Teller immer weniger wurden und nur noch ein Salatblatt übrigblieb, wurden die Sorgen immer weniger und verschwanden allmählich ganz aus dem Blickfeld.

Sorgen teilen ist wohl auch ein echt effektiver Weg, Sorgen kleiner werden zu lassen. Bei diesem Geben und Nehmen lösen sich Befürchtungen auf, werden Bedrohungen relativiert und Ängste kleiner.

Beim Nachtisch waren sie schon gar kein Thema mehr. Das Leben schien leichter, einfach sorgenfreier.

Eine gute Kultur, dieses Sorgenteilen. Geht nicht mit jedem, aber man muss das ja auch nicht so oft machen.

Das Wort „Kumpane" oder „Kumpel" geht
zurück auf das lateinische „companis":
Brotgefährte.
Brotgefährte ist der Mensch,
mit dem ich das Brot,
das elementarste Lebensmittel, teile.

Te Deum

Geht nicht mit jedem – Resonanz

Ein kleiner Satz meiner eigenen Aufschriebe hat mich weiter beschäftigt. Dieses „geht nicht mit jedem". Ich habe noch mal darüber nachgesonnen. Es stimmt wirklich. Das Sorgenteilen, sodass sie kleiner werden, geht einfach nicht mit jedem. Ich hatte letzte Woche zwei Gespräche, in denen das definitiv gar nicht funktioniert hat. Warum nicht? Was hat dabei gefehlt?

Beim Nachspüren habe ich eine besondere Qualität entdeckt. Wenn ich etwas wirklich teile mit meinem Gegenüber (das kann ja auch mal Freude sein!), dann ist da eine ganz bestimmte Gegenseitigkeit. Da muss empathisches Empfinden hin und her fließen. Manche nennen das Intimität (nein, keine sexuelle). Oder auch auf einer Wellenlänge sein oder ... Ich kenne einen Seelsorgelehrer, der das Resonanz nennt. Voraussetzung für diese Resonanz ist, dass ich nicht in meiner eigenen Befindlichkeit steckenbleibe. Ich muss noch den Kopf aus meinem Sorgenhaufen herausstecken können und mit ganzer Bereitschaft meinem Gegenüber zuhören können. Und dann kann es gelingen, dieses Sorgen zu teilen, sodass sie kleiner werden. Solch eine Qualität in Gesprächen zu erleben ist ein ganz großes Geschenk. So empfinde ich es zumindest.

Im Prinzip geht das also doch mit jedem, nur nicht alle machen das oder können das in der gegebenen Situation. Kann man das lernen und üben? Ich hoffe doch!

Wenn man allein ist,
kommen die Sorgen
uneingeladen zu Gast.

Flämisches Sprichwort

Öffentlich sorgen

In den letzten Wochen ließ es sich nicht vermeiden, dass Umstände, die mich stark beschäftigen, auch einem größeren Kreis von Menschen bekannt wurden. Damit wurden sie auch öffentlicher, als mir manchmal lieb war. Sätze wie „Frau Hauer, wie geht es Ihnen denn jetzt?" oder „Frau Hauer, ich habe gehört, dass ..." kamen von Menschen, mit denen ich jetzt definitiv nicht darüber reden wollte. Und dann kam ich mir so hilflos vor.

Unsere Kultur hat für diese Situation einfach keine angemessene, höfliche Variante vorgesehen. Zumindest fiel mir spontan keine ein. Und auch jetzt mit einigem zeitlichen Abstand fällt mir keine passende Reaktion ein. Also bin ich brav und antworte das, was mein Gegenüber hören möchte. Informationen, oder was es auch immer gerade ist. Aber mir geht es mit diesen Gesprächen gar nicht gut. Ich möchte gern selbst entscheiden, wann ich mit wem und in welcher Art und Weise über meine Sorgen spreche. Wieviel ich von mir preisgebe und wieweit ich Menschen in meine Seele hineinschauen lasse. Aber ich möchte die Menschen, die sich ja wohl für mein Befinden interessieren, auch nicht verschrecken, nicht verärgern oder beleidigen. Die richtige Art und Weise habe ich da noch nicht gefunden.

Da habe ich definitiv noch Nachholbedarf bzw. Erkenntnismangel.

Öffentlich weinen

Bei diesen Gesprächen ist mir in letzter Zeit auch immer wieder etwas passiert, was ich überhaupt nicht leiden kann: Ich habe öffentlich geweint. Ja, ich weiß noch gut, wie positiv ich mich in diesem Tagebuch über das Weinen geäußert habe. Das Herausschwemmen der Sorgen, die gut auf Salzwasser schwimmen können. Dazu stehe ich nach wie vor, aber bitte nicht öffentlich, nicht in Anwesenheit anderer Menschen, die ich nicht ganz so gut kenne.

Es ist mir einfach peinlich. Ich schäme mich im wahrsten Sinne des Wortes. Ich möchte nicht, dass andere Menschen mich weinen sehen. Ich möchte das allein tun oder nur bei Menschen, die mir ganz vertraut sind. Ich möchte, dass mein Weinen in einem persönlichen Bereich bleibt.

Ich freue mich, wenn ich es schaffe, das Weinen dann zuzulassen, wenn diese Bedingungen gegeben sind. Und ich bin enttäuscht, wenn ein Wort meines Gegenüber ausreicht, um dem Kloß im Hals zu spüren und die Tränen über das Gesicht laufen zu lassen.

Dabei ermutige ich in Seelsorge- und Beratungsgesprächen die Menschen immer, dass sie sich trauen zu weinen und es auch in meiner Gegenwart zulassen können.

Ich bin mir noch nicht sicher, ob ich mir da einfach noch mehr Gelassenheit wünsche und dann leichter in der Öffentlichkeit weinen können möchte. Oder ob ich da ganz selbstbewusst zu meiner Scham stehe und es einfach nicht möchte.

Ent-Sorgung

Nun beschäftige ich mich ja nun schon seit Monaten mit diesem Thema und entdecke doch immer noch Neues. In einem Vortrag hörte ich vor kurzem die herrliche Formulierung, dass man negative Gedanken doch auch einfach „entsorgen" könnte. Das Wort kennen wir ja nur von Abfall- oder Müllentsorgung. Ich habe mir das Wort einige Tage auf der Zunge zergehen lassen und hin- und herbewegt. Entsorgung ist wesentlich mehr als einfach nur wegwerfen. Entsorgung setzt gute Kenntnisse der Materie voraus. Unterschiedliche Müllsorten müssen unterschiedlich behandelt werden. Unterschiedlich schädliche Gedanken müssen auch unterschiedlich behandelt werden. Nicht alle Sorgen müssen entsorgt werden.

Da möchte ich gern noch etwas mehr Know-how entwickeln. Sozusagen eine Fachfrau für Mülltrennung und Entsorgung werden.

Bisher dachte ich, dass ein Mensch einfach seine persönliche Art finden muss, um mit Sorgen umzugehen. Vielleicht auch noch eine Plan-B-Variante für besondere Fälle. Aber diese Idee mit der Müllentsorgung gibt eine andere Perspektive.

Ich kann Müll verbrennen, auf einer Deponie lagern, als Spezialmüll in einem Endlager deponieren oder, wenn es Müll ist, der verrotten kann, auf den Kompost geben.

Schon unsere Kinder lernen von klein auf, den Müll zu trennen. Wir wissen genau, was in welche Tonne gehört. Warum haben wir diese Kenntnisse nicht auch für Sorgenmüll? Ich bin zumindest noch nicht soweit, dass ich das klar trennen kann, was wie behandelt werden sollte.

Das würde ja auch bedeuten, dass ich Sorgen in Kategorien einordnen kann:

Verbrennen – so bald wie möglich vernichten oder irgendwo deponieren und bei Bedarf noch mal aufbereiten o. ä.

Kompostierbar – es kann daraus noch etwas Neues, Gutes werden.

Ein interessanter Gedanke, der noch nachwirken wird.

Sorgen-Entsorgung

Also, was mache ich denn nun mit meinen Sorgen ganz praktisch?
Nach der ganzen emotionalen Auseinandersetzung habe ich
mehr und mehr ein Bedürfnis nach Klarheit und Struktur. Versuchen wir doch mal ein Sorgen-Entsorgungsprogramm zu entwickeln und schauen, ob das hilft.

- Liegenlassen, erst gar nicht annehmen: darin werde ich
  eindeutig besser. Es gibt Sachen, für die bin ich nicht zuständig, basta. Die tue ich mir nicht an und lasse sie einfach
  dort liegen, wo ich sie gefunden haben.
- Ablegen: vorübergehend ablegen. Entweder so richtig praktisch, d.h., es kommt auf eine To-do-Liste für später, oder
  auch rein gedanklich im Kopf. Da gibt es herrliche Bilder:
  Sorgen irgendwo deponieren, einpacken oder ähnliches. Oft
  mache ich das nachts, wenn ich lieber schlafen möchte als
  Gedanken hin- und herzuschieben.
- Übergeben, Zuständigkeit klären: wird auch besser! Ich frage
  mich, ob ich dafür eigentlich zuständig bin. Zuständigkeit
  klären und delegieren ist einfach super! Dann bin ich noch
  nicht einmal mehr zuständig dafür, die Müllkategorie eindeutig zu bestimmen!
- Streichen: Sorgen streichen! Das kommt wohl der Müll-
  verbrennung am nächsten. Entweder die Sorgen lösen sich
  auf (kommt auch manchmal vor) oder ich definiere diese
  Gedanken als absoluten Müll, der vernichtet werden muss.
  Im Härtefall muss ich das auch mit jemand anderem zusammen machen. Dafür sind auch Rituale gut.
- Endlager: ich war mir nicht bewusst, dass ich über die Jahre
  schon ein Endlager eingerichtet habe. Da liegen Sorgen
  mit großem Potenzial, die ich mir nur sehr selten ansehe.

Mittlerweile habe ich ab und zu die Energie, ein Fass ans Tageslicht zu holen und den Inhalt aufzubereiten. Das ist mühsam und erfordert Zeit, Kraft und Know-how. Endlagern ist keine besonders gute Idee, muss aber wohl manchmal sein.

- Bearbeiten, kompostieren: das macht sogar Spaß. Das ist eine Art zeitnahe Aufbereitung. Biomüll ist der Sorgenmüll, der mir am ehesten entspricht und der einfach zum Alltag dazu gehört. Wenn er richtig behandelt wird, dann kann etwas Neues daraus entstehen: Erfahrung wächst sehr gut auf diesem Kompost.

- Aushalten, kein Müll: es gibt Sorgen, die nicht in die Müllkategorie gehören. Sie gehören zu mir, tun mir sogar gut, bewahren mich vor unkluger Impulsivität oder anderen spontanen unklugen Unternehmungen. Dazu gehört z. B. meine Fürsorge für meine Gesundheit.

Üben

Also, jetzt habe ich meine Kategorien. Hat Spaß gemacht, das mal so zu denken. Jetzt muss das erprobt werden. Ich bin mir nicht sicher, ob das wirklich für den Alltag eine Bereicherung ist. Viele Schubladensysteme sind zwar nett, aber nicht wirklich hilfreich. Was ich auf jeden Fall hilfreich finde, ist die Tatsache, dass ich zur Müllkategorie-Bestimmung etwas Distanz brauche. Und diese Distanz einzunehmen, das ist auf jeden Fall schon ein guter erster Schritt. Mit einer guten Distanz kann ich die Dinge besser bewerten und einordnen, und komme dann hoffentlich zu einer angemessenen Reaktion. Also mal wieder üben und lernen. Vielleicht wird es ja noch was mit dem Abschluss zur Fachwirtin in Abfallentsorgung.

Obwohl sie nicht einmal hundert Jahre alt werden, bereiten sich die Menschen Sorgen für tausend Jahre.

aus China

Leben in Fülle

Musik hilft, Licht und Sonne hilft. Alles, was gute Gedanken und gute Gefühle auslöst, hilft mir, mich nicht von den Umständen und den Sorgen, die von den Umständen verursacht werden, bestimmen zu lassen. Ich habe die Wahl, wie ich mich fühlen möchte. Davon bin ich mittlerweile überzeugt. Und doch gehören Sorgen weiterhin zu meinem Leben. Weiterhin bin ich eher ein Pessimist und freue mich ganz und gar nicht über unangenehme Umstände. Weiterhin gehören auch unangenehme Gedanken und Gefühle zu meinem Leben. Und das möchte ich – so komisch sich das auch beim Niederschreiben anfühlt – auch gar nicht wirklich ändern. Ich möchte immer schneller und immer selbstverständlicher mit meiner Befindlichkeit umgehen lernen. Aber ich möchte auch das Leben leben, mit allen Höhen und Tiefen, mit seiner ganzen Fülle. Ein Leben in Fülle wünsche ich mir. Und dazu gehören auch Sorgen, und wohl auch immer wieder psychosomatische Beschwerden, wie sich aktuell mal wieder gezeigt hat. Ich bin eine Einheit von Körper und Seele und möchte es auch bleiben. Zu meinem Menschsein gehören Sorgen und ich bin froh, in den letzten Monaten etwas mehr darüber gelernt zu haben, wie ich angemessen mit ihnen umgehen kann.

Tu deinem Leib etwas Gutes,
damit deine Seele Lust hat,
darin zu wohnen.

Teresa von Avila

Ende

Also irgendwie hat dieses Tagebuch jetzt seine letzten Einträge erreicht. Die Gedanken wiederholen sich. Im Grunde habe ich alles schon mal angedacht, was ich in meiner derzeitigen Lebensphase dazu denke. Und die Gefühle sind auch nicht zu kurz gekommen. Ich werde dieses Buch also vorerst beenden.

Liebe Lebensberaterin, ich habe meine Hausaufgabe gemacht. Mehr als ausführlich, finde ich. Vielleicht kommt wieder mal eine Zeit, in der ich das wieder brauche. Oder eine Zeit, in der ich die Dinge anders sehe und wieder dazu etwas aufschreiben möchte. Denn eines steht fest: Sorgen werde ich immer haben. Ich bin einfach so ein Mensch. Und ganz sorgenfrei, das ist nach allem, was ich jetzt so durchdacht habe, gar nicht mehr mein Ziel. Ich denke, es entspricht weder mir noch meiner Lebensweise hier in Deutschland, mit Familie und vielen anderen Aufgaben und Beziehungen.

Ich bin tatsächlich etwas versöhnt mit diesem Thema. Ich fühle mich nicht mehr so ausgeliefert. Ich weiß, dass ich einen guten Werkzeugkasten habe, der viele verschiedene Werkzeuge enthält, die ich bei Bedarf einfach nur rausholen muss. Ich freue mich auf den weiteren Austausch mit anderen Menschen zu diesem Thema. Denn es ist ein sehr persönliches, wichtiges und nie endendes Thema.

Und einmal mehr hat es sich gezeigt, dass Humor auch in den Werkzeugkasten gehört.

Jedes Ding hat drei Seiten.
Eine, die du siehst,
eine, die ich sehe,
und eine, die wir beide nicht sehen.

Postkartenspruch

Also: Was habe ich gelernt?

Also, was habe ich gelernt? Was hat mir die Hausaufgabe *Sorgen-Tagebuch* gebracht? Was hilft denn wirklich?

Folgende Erkenntnisse haben sich angesammelt:

Sorgen

- können wachsen
- können abnehmen
- sind alltäglich
- gab es schon immer
- wird es immer geben
- sind keine Sünde
- können schwimmen
- können sehr destruktiv sein
- können krank machen
- mache ich mir meistens selbst
- kriegen mich nicht klein
- können meine Freundin sein

Und ich

- bin nicht allein auf dem Sorgenplaneten
- kann durch viele kleine Übungen der zerstörenden Wirkung entgegenarbeiten
- bin den Sorgen nicht hilflos ausgeliefert
- habe keine Angst mehr vor ihnen
- werde auch die nächste Sorgenattacke überstehen
- freue mich, wenn diese Gedanken auch anderen Menschen guttun

Was hilft wirklich?

- beten
- reden (mit Menschen, die mich aufbauen)
- schreiben
- malen
- Musik
- Licht
- schöne Bilder
- Selbstreflexion: gütig mit mir selbst sein, und das immer früher
- meine eigenen Aufzeichnungen dazu lesen

Nachtrag

Das Tagebuch ist beendet. Seit vielen Wochen gab es keine Einträge mehr. Es ist wohl alles gesagt bzw. geschrieben worden, was ich dazu sagen bzw. schreiben kann. Es tut gut, diese Seiten zu sehen und zu spüren, dass diese Zeit in mir etwas verändert hat. Ich mache mir immer noch Sorgen! Aber irgendwie anders. Sorgen sind nur noch ein Teil von meinem Leben. Und meine Fähigkeit, sie in meinem Leben passend einzuordnen, ist definitiv besser geworden.

Das Schönste an diesem Projekt: Es wird veröffentlicht werden! Bzw. ist veröffentlicht worden, wenn Sie das hier jetzt lesen. Es ist das Allerbeste an diesen ganzen Sorgengedanken, wenn sie nun vielleicht und hoffentlich für andere Menschen hilfreich sein können.

Ich bin dankbar für die Menschen, die diese Seiten gelesen haben und mich ermutigt haben, weiterzuschreiben. Und ich bin dankbar, dass jemand Bilder dazu gemalt hat (ich male zwar gern, aber nicht gerade gut).

Nun sitze ich wieder an einem Schreibtisch und tippe die letzten Sätze. Mein Blick geht leider nicht zur Sonne. Heute ist ein wolkenverhangener, regnerischer Novembertag und ich kämpfe mit einer hartnäckigen Erkältung – echt passend zum Thema.

Aber dafür gibt es ja Bilder mit Sonnenschein: Fotos und Gemälde und innere Bilder. Die hole ich mir immer wieder hervor, lasse sie wirken und lasse sie mir auch nicht mehr nehmen.

Inhalt

WEITERE BÜCHER MIT URSULA HAUER

Johanna Adam, Ursula Hauer

Keine Angst vor Gefühlen

Gefühle sind die Sprache unserer Seele. Die Verständigung mit ihnen ist nicht immer einfach, aber wir können unsere Sprachkenntnisse deutlich erweitern. Wenn wir unsere Gefühle verstehen und richtig mit ihnen umgehen, können wir unserer Seele und dem „inneren Kind" zu mehr Zufriedenheit verhelfen.

gebunden, A4-Format, vierfarbig,
mit vielen Grafiken und Bildern, 166 Seiten

Johanna Adam, Ursula Hauer

Einfach ich selbst sein

Persönlichkeitsentwicklung ist ein Prozess, der unser Selbst zur Entfaltung bringt. Jeder Mensch kann eine reife Persönlichkeit werden.
In diesem Praxisbuch werden Schritte aufgezeigt, wie Sie aus alten Gewohnheiten und lebenshemmenden Verhaltens- und Denkmuster aussteigen können. Und wie Sie sich auf eine lebensfördernde Art und Weise neu wahrnehmen, kennenlernen und lieben lernen.

gebunden, A4-Format, vierfarbig,
mit vielen Grafiken und Bildern, 238 Seiten

cap-books

Beide Bücher erschienen im cap-Verlag.
www.cap-books.de
72221 Haiterbach-Beihingen
bestellung@cap-music.de
07456-9393-0